高等职业教育汽车类专业“十三五”规划教材

汽车认知实训教程

QICHE RENZHI SHIXUN JIAOCHENG

于洪兵　郝　魁　主　编
吕　凯　沈盛军　贠熙诺　副主编
刘玉龙　参　编
白树全　主　审

中国铁道出版社有限公司
CHINA RAILWAY PUBLISHING HOUSE CO., LTD.

内 容 简 介

本书依据高等职业教育汽车类专业技术基础课程教学改革需要编写而成。在内容组织上，基于工学结合、项目导向、理实一体化课程改革需要，以加强学生实践技能和与人协同沟通能力的培养。

本书全面系统地介绍了汽车整体认知、汽车电控系统认知、汽车使用认知 3 个项目：项目一包括汽车外部及内部认知、汽车底盘认知、汽车发动机认知、汽车电气系统认知、汽车车身认知 5 个学习任务；项目二包括汽车电控发动机认知、汽车 ABS 系统认知、汽车空调系统认知 3 个学习任务；项目三包括汽车油液认知、汽车使用认知、汽车维护认知 3 个学习任务。

本书图文并茂、实用性强，适合作为高等职业院校汽车类专业的教材，也可供有关汽车技术人员、汽车维修技师和汽车维修工培训参考使用。

图书在版编目（CIP）数据

汽车认知实训教程/于洪兵，郝魁主编. —北京：
中国铁道出版社，2017.8（2024.8 重印）
高等职业教育汽车类专业“十三五”规划教材
ISBN 978-7-113-23104-0

Ⅰ. ①汽… Ⅱ. ①于… ②郝… Ⅲ. ①汽车-高等职业
教育-教材 Ⅳ. ①U46

中国版本图书馆CIP数据核字(2017)第161558号

书　名： 汽车认知实训教程
作　者： 于洪兵　郝　魁

策　　划： 何红艳　　　　**编辑部电话：**（010）63560043
责任编辑： 何红艳　彭立辉
封面制作： 白　雪
责任校对： 张玉华
责任印制： 樊启鹏

出版发行： 中国铁道出版社有限公司（100054，北京市西城区右安门西街 8 号）
网　　址： https://www.tdpress.com/51eds/
印　　刷： 天津嘉恒印务有限公司
版　　次： 2017 年 8 月第 1 版　　2024 年 8 月第 4 次印刷
开　　本： 787 mm×1 092 mm　1/16　**印张：** 10　**字数：** 204 千
书　　号： ISBN 978-7-113-23104-0
定　　价： 34.00 元

前 言

汽车产业被列为国家新兴战略性产业之一，低碳经济促进了汽车产业的发展。随着现代汽车技术的不断发展，汽车新结构、新材料、新能源、新标准不断推陈出新。为了适应汽车行业发展的需要，体现工学结合、项目导向、理实一体化课程改革特色的规划教材建设需要，提高汽车服务专业学生对汽车的整体认知和综合素质，本书以项目驱动方式的教学模式进行编写，以切实增加学生对汽车的兴趣及动手实践能力。

依据高职高专教育的定位理念和教育部有关汽车紧缺人才培养基地及汽车示范性专业建设的要求，把汽车基础认知整合为一门实训课程，从而培养学生对汽车的认识和学习兴趣。本书按照知识点和技能点“必需、够用”的原则，全面系统地介绍了汽车整体认知、汽车电控系统认知、汽车使用认知 3 个项目，注重与汽车行业紧密联系，使教材和汽车技术发展实现紧密结合，体现以能力为本的职业技术教育特点。

本书突破传统教材的理念，它既是一本教材，也是一本初学汽车知识的手册。在课堂教学过程中，学生积极参与学习，动手拆装练习，然后完成任务训练，改变传统教学中学生被动听课的状态。每个任务的设置，均充分考虑到现有实训教学资源，可操作性强，认知效率高，注重汽车服务专业学生综合素质的培养。

本书由包头职业技术学院于洪兵、郝魁任主编并负责统稿，包头职业技术学院吕凯、沈盛军、贠熙诺任副主编，刘玉龙参与编写。具体编写分工：于洪兵编写项目一的任务一、三；郝魁编写项目一的任务二，项目二、三的任务一；吕凯编写项目二、三的任务二；刘玉龙编写项目三的任务三；沈盛军编写项目二的任务三；贠熙诺编写项目一的任务四、五。全书由包头职业技术学院白树全教授主审。

由于时间仓促，编者水平有限，书中难免有疏漏与不妥之处，恳请广大读者提出宝贵意见和建议，以便再版时修订。

编　者

2017 年 4 月

目录

项目一 汽车整体认知

Project 1

汽车整体认知项目中，主要包括以下任务：汽车外部及内部认知、汽车底盘认知、汽车发动机认知、汽车电气系统认知、汽车车身认知，共5个任务。通过5个任务的学习，可以详细地对汽车有整体的认知，掌握汽车的底盘、发动机、电气系统、车身四大组成部分。通过本项目的学习，学生能够熟悉汽车的组成及工作原理，对汽车有初步的认知。其中，任务一汽车内部及外部认知，主要学习汽车外部及内部组成部件及其作用。任务二汽车底盘认知，主要学习汽车底盘的四大组成系统，包括传动系统、行驶系统、制动系统、转向系统，学习底盘的组成部件及工作原理。任务三汽车发动机认知，主要学习汽车发动机的曲柄连杆机构和配气机构两大机构，以及冷却、润滑、点火、燃料供给、启动系统等五大系统组成部件及工作原理。任务四汽车电气系统认知，主要学习汽车电气系统的组成，包括汽车电源、汽车用电设备，其中汽车电源包括蓄电池、发电机。汽车用电设备包括起动机、点火系统、照明与信号系统、仪表与指示灯系统等部件。任务五汽车车身认知，主要学习汽车车身结构的组成部件及其作用。

任务一 汽车外部及内部认知

汽车车身的作用主要是保护驾驶人，以及构成良好的空气力学环境。好的车身不仅能带来更佳的性能，也能体现出车主的个性。汽车车身是驾驶人的工作场所，也是容纳乘客和货物的场所。汽车车身结构从形式上说，主要分为非承载式和承载式两种。通过学习认识汽车外部及内部部件，有利于学生了解汽车内部及外部的部件组成及作用。

任务目标

① 掌握汽车车身的结构组成与特点。
② 掌握汽车车身外部与内部结构。
③ 掌握汽车中控台部件组成名称及功能。

知识准备

汽车除了内在的配件，还需要其他几部分构成外部的车身。下面就以别克凯越轿车为例介绍车身的构成及特点，如图 1-1-1 所示。

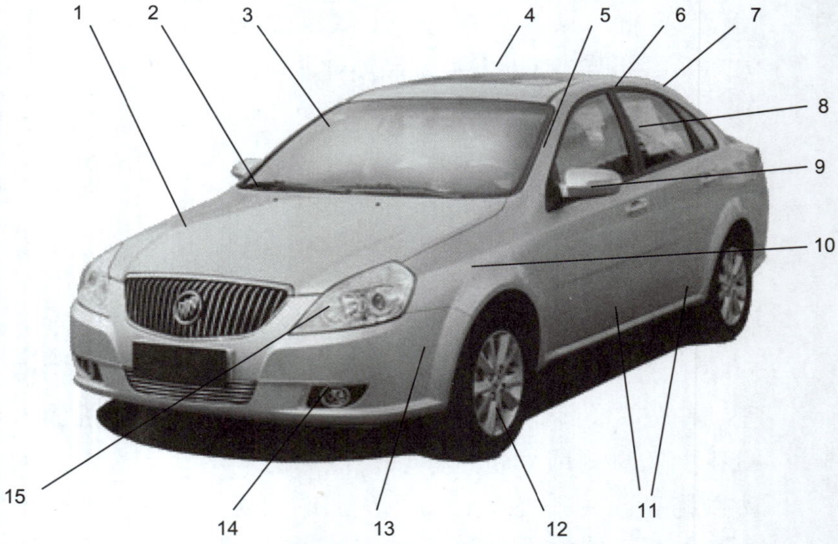

图 1-1-1 别克凯越汽车

1—发动机盖；2—刮水器；3—前风窗玻璃；4—车顶盖；5—A 柱；6—B 柱；7—C 柱；8—侧风窗玻璃；9—后视镜；10—翼子板；11—前后车门；12—车轮；13—前保险杠；14—前雾灯；15—前照灯总成

1 汽车外部结构认知

（1）前风窗玻璃

现代轿车外形的发展与玻璃工艺的发展息息相关。早在 40 多年前，轿车前风窗玻璃已经采用单件式弯曲风窗玻璃，并逐渐抛弃了平面型的风窗玻璃。现在的轿车风窗玻璃一般都做成整体一幅式的大曲面型，上下左右都有一定的弧度。这种曲面玻璃不论从加工过程还是从装嵌的配合来看，都是一种技术要求十分高的产品，因为它涉及车型、强度、隔热、装配等诸多问题。现在，人们总是从汽车安全和外观的角度去研究和开发汽车玻璃，不断推出新的品种。夹层玻璃是指用一种透明可黏合性塑料膜贴在二层或三层玻璃之间，将塑料的强韧性和玻璃的坚硬性结合在一起，增加了玻璃的抗破碎能力。区域钢化玻璃是钢化玻璃的一种新品种，它经过特殊处理，能够在受到冲击破裂时，其玻璃的裂纹仍可以保持一定的清晰度，保证驾驶者的视野区域不受影响。目前，汽车前风窗玻璃以夹层钢化玻璃和夹层区域钢化玻璃为主，能承受较强的冲击力。汽车前风窗玻璃如图 1-1-2 所示。

图 1-1-2　汽车前风窗玻璃

（2）后风窗玻璃

汽车后风窗玻璃一般采用钢化玻璃，钢化玻璃是指将普通玻璃淬火使内部组织形成一定的内应力，从而使玻璃的强度得到加强，在受到冲击破碎时，玻璃会分裂成带钝边的小碎块，对乘员不易造成伤害，并且在破裂后不会影响驾驶人视线。汽车后风窗玻璃如图 1-1-3 所示。

汽车后风窗玻璃中间的线，本名叫加热线，主要是在下雨天和下雪天时后风窗上面因为车内与车外的温差比较大，玻璃上会起雾或结霜。这时把驾驶台上相应的开关打开后，加热玻璃就可解决起雾与结霜问题。另外，一般玻璃上现在都会附带收音机的天线，至于线有多少条，要看玻璃的大小。有一点要注意：在使用加热线时，不能长时间使用，每次使用不要超过 5 min，因为长时间使用加热线会使玻璃超负荷，容易使玻璃破碎。

图 1-1-3　汽车后风窗玻璃

（3）天窗

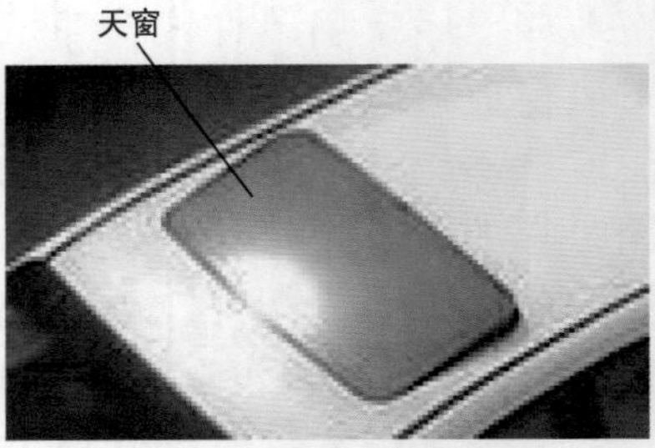

图 1-1-4　汽车天窗

汽车天窗安装于车顶，能够有效地使车内空气流通，增加新鲜空气的进入，为车主带来健康、舒适的环境。同时，汽车天窗也可以开阔视野，也常用于移动摄影、摄像的拍摄需求。汽车天窗大致可分为：外滑式、内藏式、内藏外翻式、全景式和窗帘式等，主要安装于轿车、商用 SUV 等车型上。汽车天窗如图 1-1-4 所示。

每天早晨，许多车主总会匆匆忙忙地驾车上班，建议这时打开天窗。因为车内空气污染，严重影响驾乘者的健康，特别是汽车在经历了一段时间的密闭后，车厢内充斥着装饰用品中的苯、甲醛等有害物质的气体。所以，过夜后上车的第一件事，就是打开汽车天窗，利用其优越的负压换气原理，过滤车内空气，以保护驾乘者的身体健康。汽车天窗具有以下功能：

① 快速降温。如果停车时，碰巧停在了太阳下面，夏季的时候车内温度很有可能会达到 60℃以上。很多车主上车的第一反应是开空调。实际上，应该先开侧风窗和天窗，在行驶过程中马上就可以抽出闷热的空气以达到降温的目的。此方法降温速度是空调降温的 3 倍左右，并且还节省了很多汽油。

② 消除雾气。在温差大的季节，如果开车过程中汽车的侧风窗关上，那么前风窗玻璃很容易形成雾气。这时，只需打开天窗几分钟就可以快速消除前面的雾气。

③ 快速换新鲜空气。在行驶过程中打开天窗，可以快速增加汽车内空气流通的速度，从而达到改善车厢内通风换气的作用。

（4）车身后翼子板

翼子板是遮盖车轮的车身外板，因旧式车身该部件形状及位置似鸟翼而得名。按照安装位置又分为前翼子板和后翼子板，前翼子板安装在前轮处，因此必须要保证前轮转动及跳动时的最大极限空间，通常设计者会根据选定的轮胎型号尺寸用“车轮跳动图”来验证翼子板的设计尺寸。后翼子板无车轮转动碰擦的问题，但出于空气动力学考虑，后翼子板略显拱形弧线向外凸出。现在有些轿车翼子板已与车身本体成为一个整体。但也有轿车的翼子板是独立的，尤其是前翼子板。因为前翼子板碰撞机会比较多，独立装配容易整件更换。有些车的前翼子板用有一定弹性的塑性材料（例如塑料）做成。塑性材料具有缓冲性，比较安全，如图 1-1-5 所示。

（5）前围板

前围板是指发动机舱与车厢之间的隔板，它和地板、前立柱连接，安装在前围上盖板之下。前围板上有许多孔口，作为操纵用的拉线、拉杆、管路和电线束通过之用，还要配合踏板、方向机柱等机件安装位置。为防止发动机舱里的废气、高温、噪声窜入车厢，前围板上要有密封措施和隔热装置。在发生意外事故时，它应具有足够的强度和刚度。对比车身其他部件而言，前围板装配最重要的工艺技术是密封和隔热，它的优劣反映了车辆运行的质量。图 1-1-6 所示为汽车的前围板。

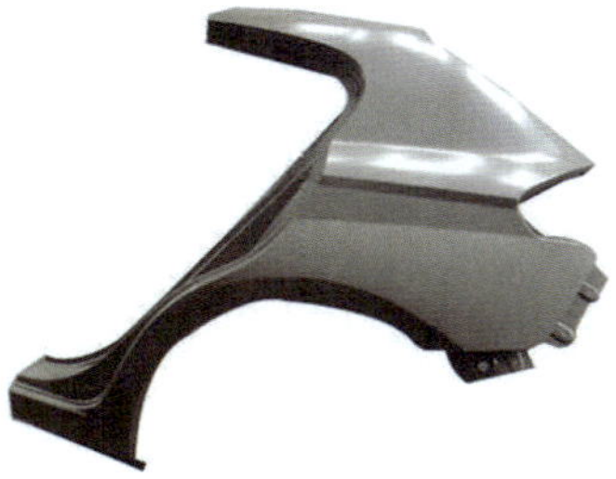

图 1-1-5 后翼子板

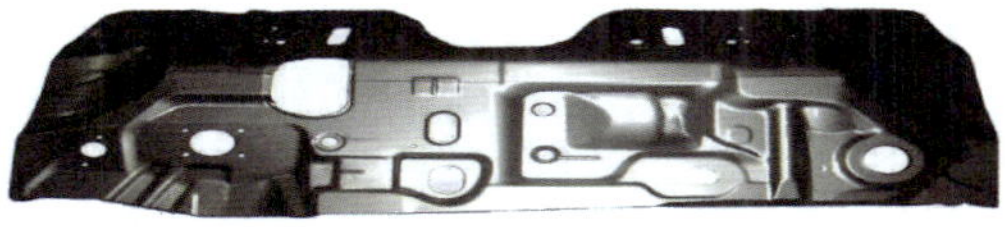

图 1-1-6 前围板

（6）A 柱、B 柱、C 柱

一般轿车车身有 3 个立柱，从前往后依次为 A 柱、B 柱、C 柱。对于轿车而言，立柱除了起支撑作用，也起到门框的作用，如图 1-1-7 所示。

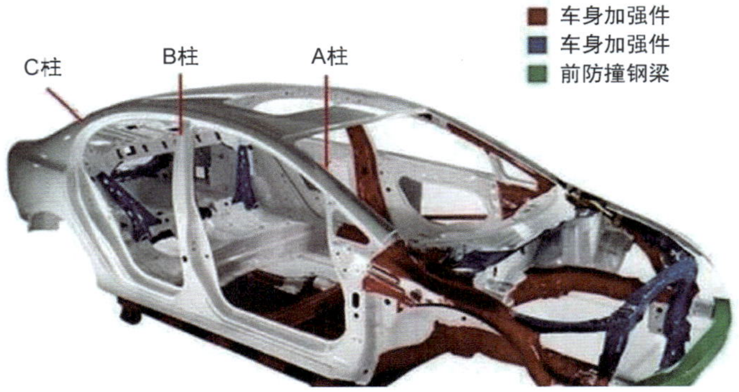

图 1-1-7 A 柱、B 柱、C 柱

A 柱是指位于风窗玻璃和前车门之间立柱。A 柱在发动机舱和驾驶舱之间，左右后视镜的上方，会遮挡驾驶人一部分转弯视线，尤其是左转弯时，常常形成驾驶人的视野盲区。

B 柱是指驾驶舱的前门和后门之间的车身立柱，从车顶延伸到车底部。B 柱不但支撑车顶盖，还要承受前、后车门的支承力，在 B 柱上还要装置一些附加零部件，例如前排座位的安全带，有时还要穿电线线束。因此，B 柱大都有外凸半径，以保证有较好的力传递性能。但是，B 柱的尺寸过大会对乘客上下车产生障碍。现代轿车的 B 柱截面形状是比较复杂的，它由多件冲压钢板焊接而成。随着汽车制造技术的发展，不用焊接而直接采用液压成型的封闭式截面 B 柱已经问世，它的刚度大大提高而质量大幅减小，有利于现代轿车的轻量化。

C 柱是指后风窗玻璃两侧的立柱。C 柱与 A 柱、B 柱的不同点就是不存在视线遮挡及上下车障碍等问题，因此尺寸对驾驶和乘坐没有明显影响，关键是后柱与车身的密封性要可靠。

2 汽车内部结构认知

（1）发动机舱

汽车发动机舱里一般包括发动机、发动机护板、散热器、蓄电池、继电器和熔丝盒、制动泵、风窗玻璃清洗液储液罐、制动液储液罐、转向助力系统和变速器等。以别克凯越轿车为例，其发动机舱内部结构如图 1-1-8 所示。

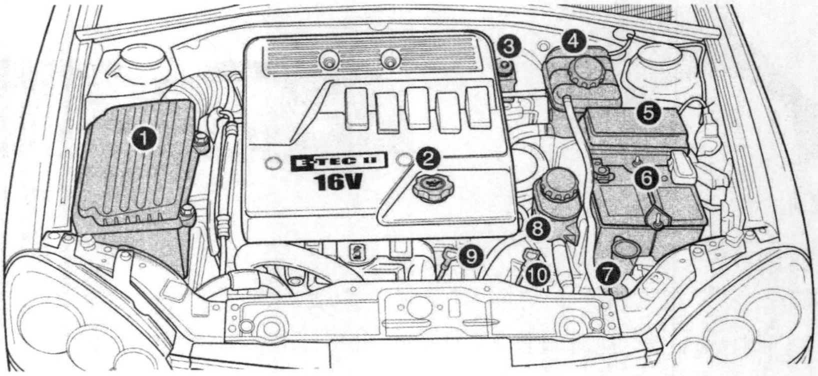

图 1-1-8　别克凯越发动机舱内部结构

1—空气滤清器；2—发动机机油加注盖；3—制动器 / 离合器油液储液罐；4—冷却液储液罐；5—熔丝和继电器盒；6—蓄电池；7—风窗玻璃清洗液储液罐；8—动力转向液储液罐；9—发动机机油尺；10—自动变速器机油尺

（2）乘客舱

乘客舱里包括仪表板、控制台、转向盘、车辆内饰、变速器操纵杆、座椅和安全带等，如图 1-1-9 所示。

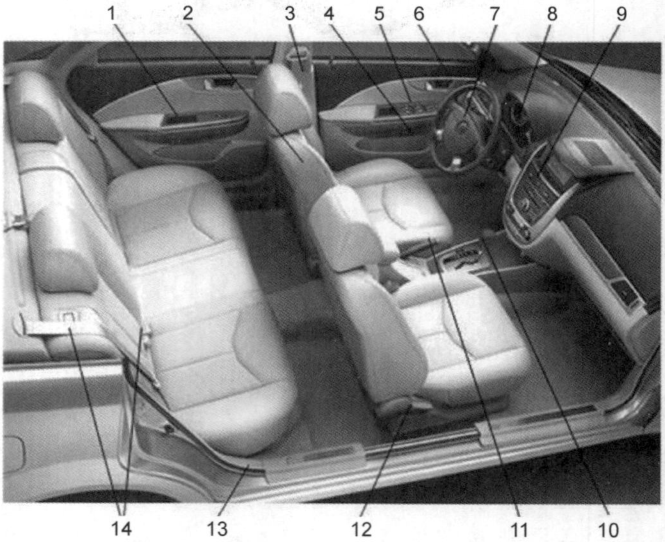

图 1-1-9　别克凯越乘客舱内部结构

1—车门扶手；2—座椅；3—安全带；4—储物格；5—电动风窗玻璃升降开关；6—车门内开扳手；7—转向盘；8—仪表板；9—控制台；10—选挡手柄；11—手制动器；12—座椅调节手柄；13—密封条；14—后座安全带及锁止元件

（3）控制台

驾驶人通过控制台操控车辆，并且可以通过不同的控制面板对车辆的音响系统、空调系统及其他行驶辅助系统进行操控。控制台的组成如图 1-1-10 所示。

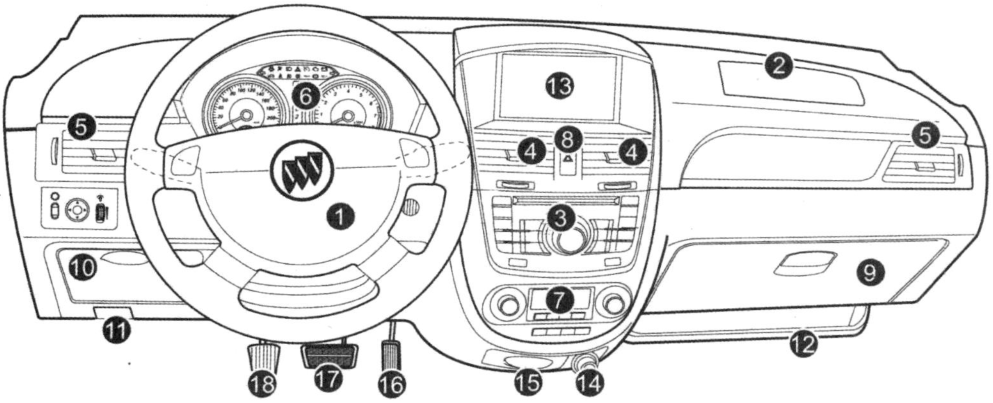

图 1-1-10　别克凯越控制台

1—气囊（驾驶人侧）；2—气囊（前排乘客）；3—汽车音响控制面板；4—中央出风口；5—两侧出风口；6—组合仪表；7—空调系统控制面板；8—危险警告灯开关；9—杂物箱；10—储币盒；11—发动机舱盖释放装置；12—雨伞烘干槽；13—显示屏；14—点烟器；15—烟灰盒；16—加速踏板；17—制动器踏板；18—离合器踏板

① 汽车音响控制面板。虽然音响设备对于轿车来讲只是一种辅助性设备，对汽车的运行性能没有影响，但随着人们对享受的要求越来越高，汽车制造商也日益重视起轿车的音响设备，并将其作为评价轿车舒适性的依据之一。汽车音响控制面板如图 1-1-11 所示。

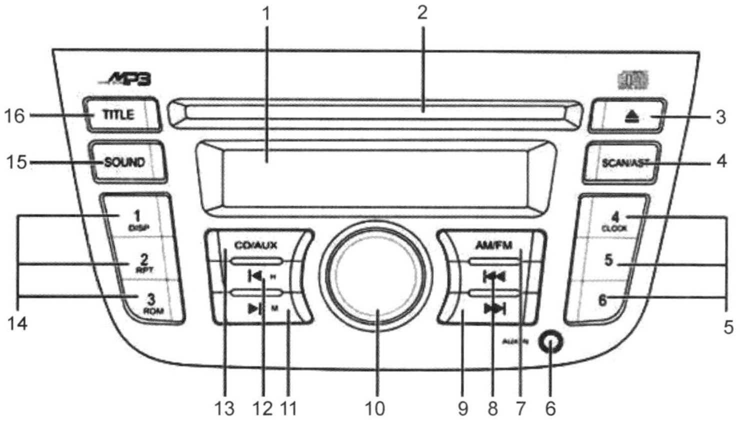

图 1-1-11　汽车音响控制面板

1—显示屏；2—CD 进出口；3—CD 退出键；4—浏览曲目；5—预置键；6—外设音源；7—调频 / 调幅；8—手动搜索向上选曲；9—手动搜索向下选曲；10—电源 / 音量旋钮；11—自动搜台（下）；12—自动搜台（上）；13—CD/ 外设音源切换；14—预置键；15—音效模式；16—目录转换

② 空调系统控制面板。汽车空调系统是实现对车厢内空气进行制冷、加热、换气和空气净化的装置。它可以为乘车人员提供舒适的乘车环境，降低驾驶人的疲劳强度，提高行车安全。空调装置已成为衡量汽车功能是否齐全的标志之一。空调器能控制车厢内的气温，既能加热空气，也能冷却空气，以便把车厢内温度控制到舒

适的水平；空调器能够排出空气中的湿气。干燥空气吸收人体汗液，造成更舒适的环境；空调器可吸入新鲜空气，具有通风功能；空调器可过滤空气，排除空气中的灰尘和花粉。空调系统控制面板如图 1-1-12 所示。

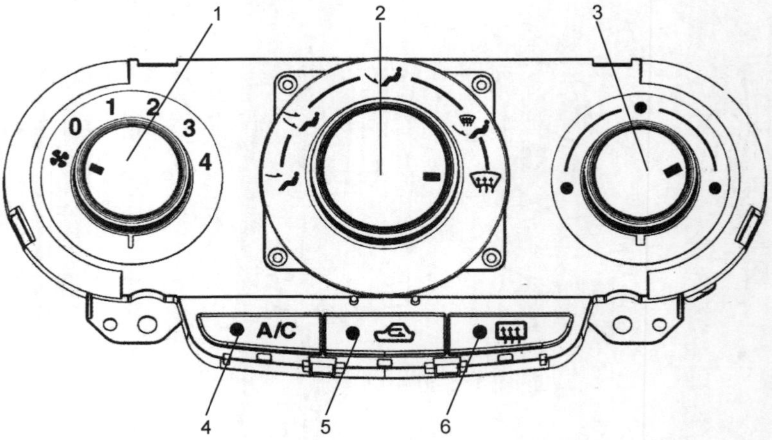

图 1-1-12　空调系统控制面板

1—风扇控制旋钮；2—风量分配模式旋钮；3—温度控制旋钮；
4—空调（A/C）按钮；5—空气内循环按钮；6—后风窗玻璃除霜按钮

温度控制旋钮可以调控出风口流出空气的温度。向蓝色区域转动旋钮可以获得冷风，向红色区域转动旋钮可以获得暖风。

风扇控制旋钮可以控制从系统中流出的空气流量。按顺时针方向旋转旋钮可以增大风扇速度，按逆时针方向旋转则会降低风扇速度。通常可以根据冷热需要，在第一挡和第四挡之间调节风扇旋钮。

风量分配模式旋钮可以把出风的方向调节到乘客期望的气流流向理想模式。

当按下空气内循环模式按钮时，指示灯将会闪亮，车内空气会进行循环。在多尘的环境中行驶，或为了避免交通工具的尾气或外界的烟气进入，和需要对乘客区域进行快速冷却或加热时，可以使用此按钮。当再次按下空气内循环模式按钮时，将把外界空气引入乘客车厢，指示灯将会熄灭。如果使用空气内循环模式的时间过长，在空气内循环模式下长时间行驶会使人昏昏欲睡。注意：在使用时要定期切换到外界空气模式，以让新鲜空气流入车内。

（4）组合仪表

组合仪表包括各种仪表和指示灯，如图 1-1-13 所示。它能够使驾驶人准确掌握发动机转速、车速、水温、燃油量等车辆运行状态参数。在车辆运行出现异常时，仪表还能提出警示，保证驾驶人安全驾驶。下面介绍部分仪表的使用注意事项。

① 转速表。发动机转速表显示的是发动机每分钟的转数（r/min）。为使燃油发挥最高效率，驾驶汽车时要尽量使发动机转速保持在经济转速，普通轿车发动机的经济转速通常在 2 000～3 000 r/min。在车辆使用时发动机转速过高，致使转速表（见图 1-1-14）指针指在红色区域，会使发动机工作性能变差，油耗增高，缩短发动机使用寿命。

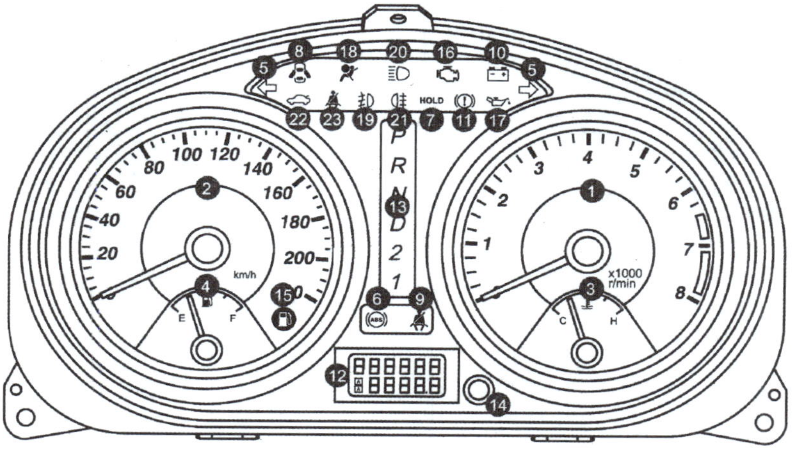

图 1-1-13　组合仪表

1—转速表；2—车速表；3—温度表；4—燃油表；5—转向信号指示灯；6—ABS（防抱死制动系统）警告灯；7—保持模式指示灯；8—开门警告灯；9—前排乘客安全带提示灯；10—充电系统警告灯；11—制动系统警告灯；12—里程表；13—挡位指示灯；14—里程表模式选择键；15—低燃油量警告灯；16—故障指示灯；17—机油压力警告灯；18—气囊警告灯；19—前雾灯指示灯；20—远光灯指示灯；21—后雾灯指示灯；22—行李厢盖警告灯；23—驾驶人安全带提示灯

② 温度表。当打开点火开关时，温度表显示发动机冷却液温度，如图 1-1-15 所示。如果温度表指针进入红色区域，表明车辆发动机过热，发动机过热时驾驶汽车会缩短发动机使用寿命。

图 1-1-14　转速表

图 1-1-15　温度表

③ 燃油表。燃油表显示燃油箱里的油量，如图 1-1-16 所示。添加燃油后重新起动发动机，燃油表指针即慢慢移动，显示出新的油量。当车辆制动、加速或转弯时，燃油箱里油面的变动致使燃油表的指针移动。普通轿车燃油箱容量一般为 40 ～ 60 L。当燃油表上低燃油量警告灯亮时，表明油箱里的燃油量过少。当警告灯亮时，应尽快加油。

④ ABS（防抱死制动系统）警告灯。当打开点火开关时，防抱死制动系统警告灯即短暂亮起，如图 1-1-17 所示。这表明防抱死制动系统正在自检，且指示灯工作正常，2s 后灯应熄灭。如果防抱死制动系统警告灯出现打开点火开关时不亮、亮了不灭、行驶期间灯亮等情况，应与予以维修。

图 1-1-16　燃油表

图 1-1-17　ABS 警告灯

防抱死制动系统警告灯亮着时，不要驾驶汽车。防抱死制动系统警告灯亮起表示制动可能有故障。如果车辆的制动出现故障，可能导致撞车事故，致使人员受伤，以及车或其他财物受损。如果防抱死制动系统警告灯在汽车行驶过程中亮起，则说明车辆的防抱死制动系统可能有故障。虽然汽车在没有防抱死制动系统的情况下也能正常行驶，但仍需尽快对制动系统进行检查并进行必要的维修。

⑤ 气囊警告灯。当打开点火开关时，气囊警告灯闪几次（见图 1-1-18），这表明指示灯工作正常，气囊系统运转也正常。如果气囊警告灯出现打开点火开关时不闪、闪几次后一直亮下去、汽车行驶过程中闪、汽车行驶过程中一直亮等情况，均表示气囊系统有故障。气囊警告灯亮着时，不要驾驶汽车。气囊系统运转不正常时驾驶汽车，遇到事故时可能导致个人伤害，因此，应尽快对该系统进行检查。

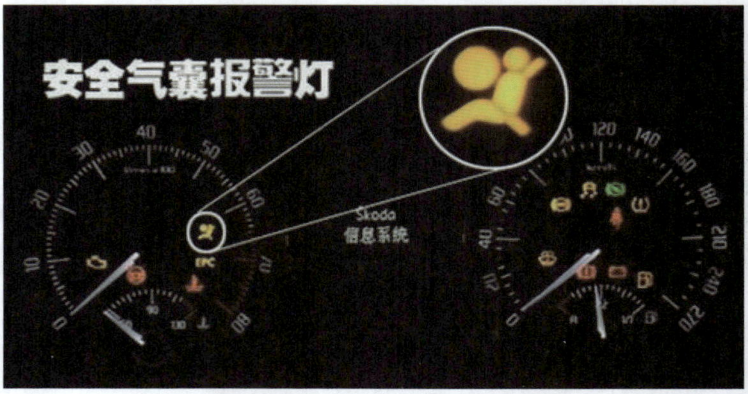

图 1-1-18　气囊警告灯

⑥ 制动系统警告灯。打开点火开关接通电源时，制动系统警告灯亮起（见图 1-1-19），这表明指示灯工作正常。当起动发动机后，灯应熄灭。使用驻车制动器时，制动系统警告灯也会亮。释放驻车制动器，灯会熄灭。驾驶汽车前，要确保完全释放驻车制动器。制动系统警告灯亮着时，不要驾驶汽车，这表示车辆制动系统运转不正常。在制动系统运转不正常的情况下驾驶汽车可能导致撞车事故，致使人员受伤。如果制动系统警告灯在驻车制动器完全释放的情况下仍亮着，可能表示制动液的液位低。

△图 1-1-19　制动系统警告灯

⑦ 机油压力警告灯。当打开点火开关起动发动机时，机油压力警告灯会短暂亮起（见图 1-1-20），这表明指示灯本身工作正常。发动机起动以后灯应熄灭。如果机油压力警告灯在汽车行驶过程中亮起，则机油压力可能过低以至有危险，应立即停止发动机转动，检查油位。

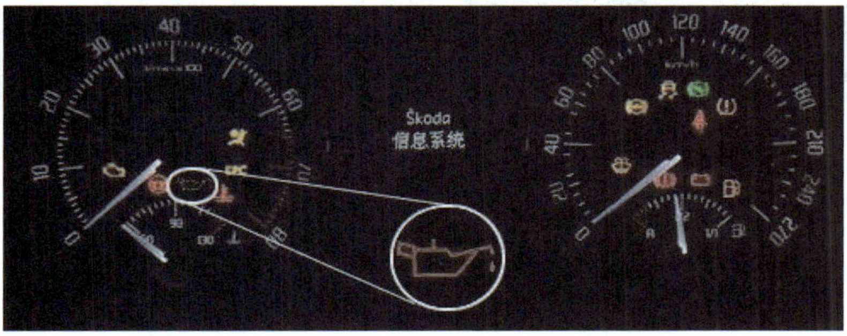

△图 1-1-20　油压力警告灯

⑧ 故障指示灯。打开点火开关起动发动机时，故障指示灯短暂亮起（见图 1-1-21），这表明指示灯本身工作正常。发动机起动后指示灯应熄灭。故障指示灯亮着时，不要驾驶汽车。指示灯提醒汽车存在问题，须引起注意。故障指示灯亮着时驾驶汽车可能损坏排气污染控制系统，并影响到燃油的经济性和汽车的驾驶性。故障指示灯亮着时电子控制系统将切换到应急运行程序，保障车辆继续行驶，但应尽快检查维修。

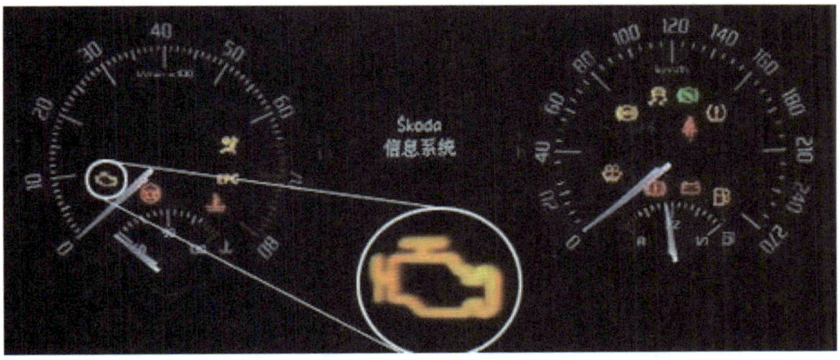

△图 1-1-21　故障指示灯

⑨ 前、后雾灯指示灯。当前、后雾灯亮时，相应指示灯亮起，如图 1-1-22 所示。前、后雾指示灯装于汽车前部比前照灯稍低的位置，用于雨雾天气行车时照明道路。因为雾天能见度低，驾驶人视线受到限制。灯光可拓宽驾驶人视野，特别是黄色防雾灯的光穿透力强，它可提高驾驶人与周围交通参与者的能见度，使来车和行人能在较远处发现对方。

⑩ 驾驶人安全带提示灯。只要打开点火开关，驾驶人须系好安全带，否则安全带提示灯会亮起，并且有报警的声音，如图 1-1-23 所示。

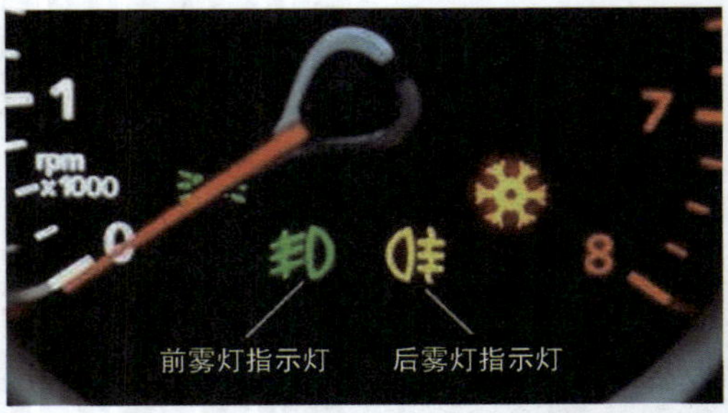

图 1-1-22　前、后雾灯指示灯

图 1-1-23　安全带指示灯

（5）其他部件

① 踏板：

制动踏板顾名思义就是限制动力的踏板，即脚刹（行车制动器）的踏板。制动踏板用于减速停车，它是汽车驾驶五大操纵件之一。使用频次非常高。驾驶人掌控得如何直接影响着汽车驾驶安全。

加速踏板的主要作用是控制发动机节气门的开度，从而控制发动机的动力输出。传统的加速踏板是通过节气门拉索或者拉杆和节气门相连的。随着汽车电子技术的不断发展，电子节气门的应用越来越广泛，驾驶人踩踏电子节气门的加速踏板时，实际上是传递给发动机 ECU 一个节气门踏板位置传感器信号。

离合器踏板是手动挡汽车离合器总成的操纵装置，是汽车与驾驶人的“人机”交互部分。它是汽车驾驶“五大操纵件”之一，使用频次非常高。为了方便，人们常直接称为“离合”。其操作正确与否，直接影响着汽车的起步、换挡和倒车。

如图 1-1-24 所示，从左往右依次是离合器踏板、制动踏板、加速踏板。

② 发动机号和车架号认知。发动机号是生产厂家在发动机缸体上打印的出厂号码，车架号是生产厂家在车架或者车身底盘上打印出的出厂号码。发动机号是打在发动机缸体上的，车架号是打在车辆大梁上的。发动机号如图 1-1-25 所示。

③ 车辆铭牌认知。车辆铭牌是标明车辆基本特征的标牌，包括品牌、型号、发动机功率、总质量、载质量、载客人数、出厂编号、出厂日期及厂名等。车辆必须装置产品铭牌，置于车辆前部易于观察的地方。客车铭牌置于车内前乘客门的上

方，如图 1-1-26 所示。

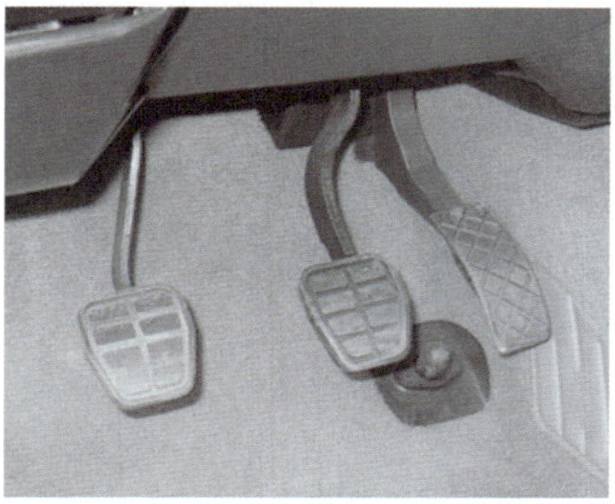

图 1-1-24　离合器踏板、制动踏板、加速踏板

图 1-1-25　发动机号

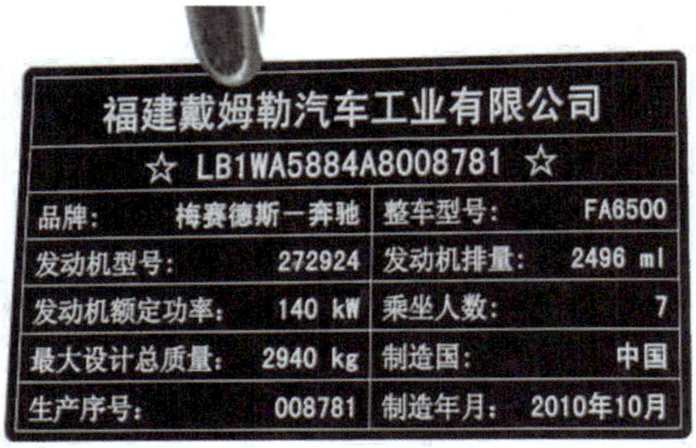

图 1-1-26　车辆铭牌

任务训练

1. 写出下列汽车外部与内部部件的名称及安装位置。

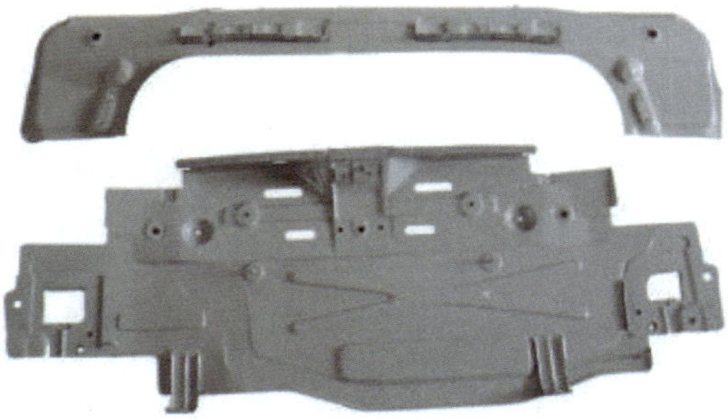

部件名称＿＿＿＿＿＿＿＿＿＿

安装位置＿＿＿＿＿＿＿＿＿＿

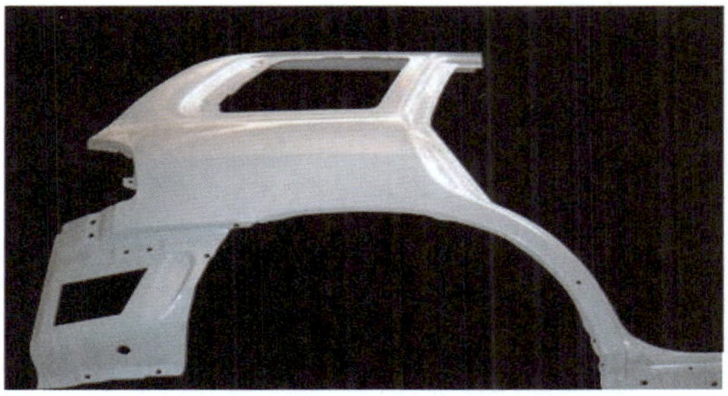

部件名称＿＿＿＿＿＿＿＿＿＿

安装位置＿＿＿＿＿＿＿＿＿＿

部件名称________________
安装位置________________

部件名称________________
安装位置________________

部件名称________________
安装位置________________

部件名称________________
安装位置________________

部件名称________________
安装位置________________

部件名称________________
安装位置________________

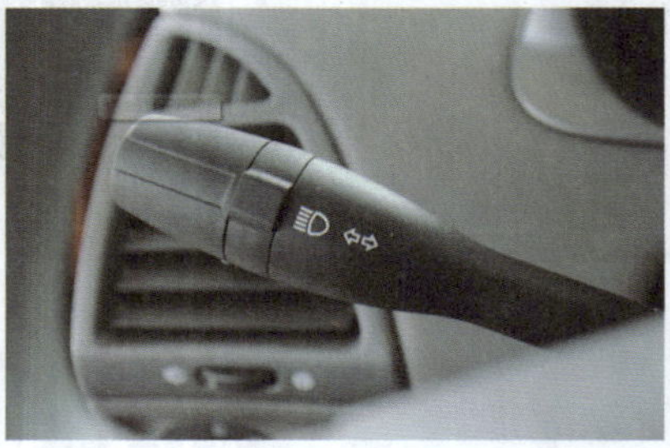

部件名称________________
安装位置________________

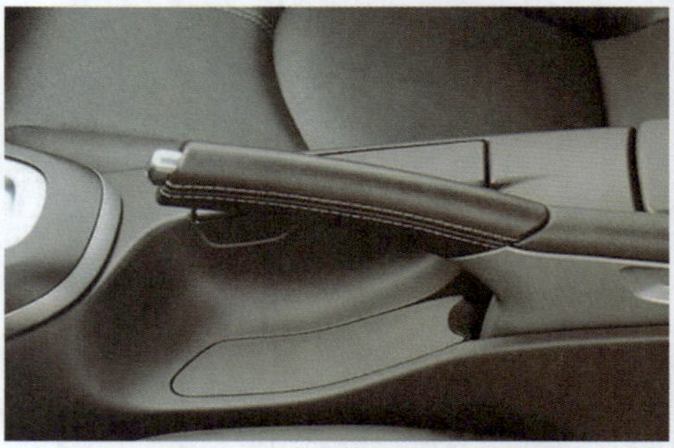

部件名称________________
安装位置________________

部件名称________________

安装位置________________

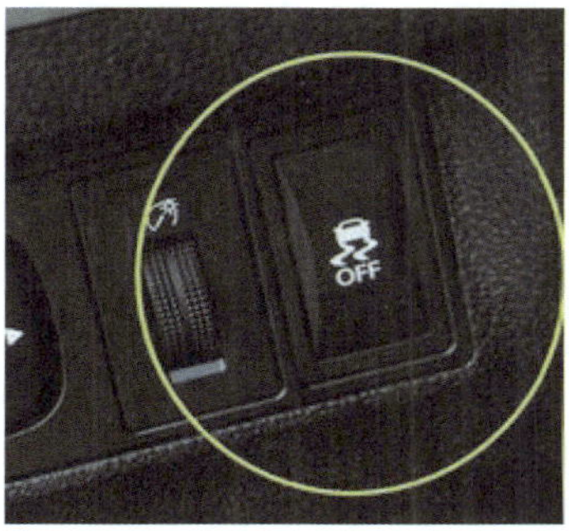

部件名称________________

安装位置________________

部件名称________________

安装位置________________

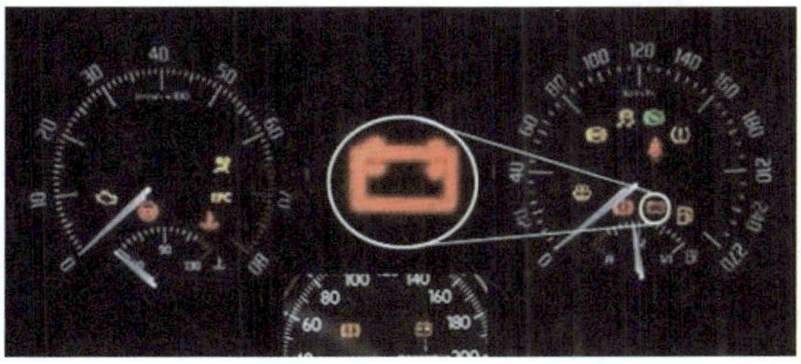

部件名称________________

安装位置________________

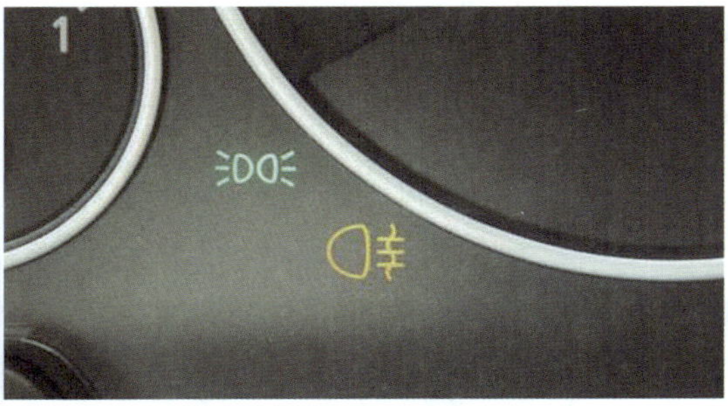

部件名称________________

安装位置________________

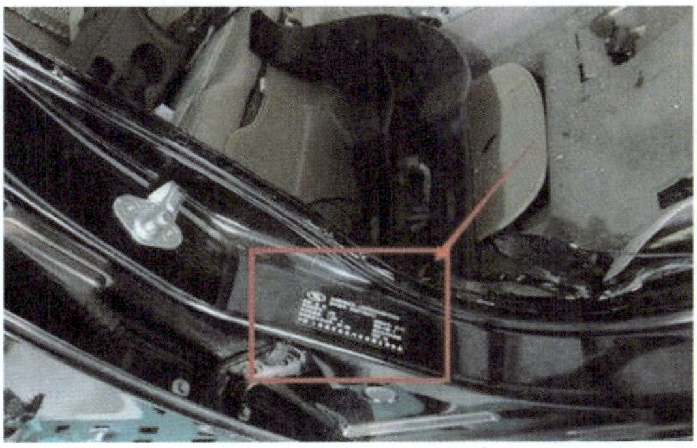

部件名称________________

安装位置________________

2. 写出汽车外部和内部部件及其功用。

笔记及心得：

任务二　汽车底盘认知

汽车从1886年诞生至今，经历了130多年的发展历史。20世纪90年代以前，汽车底盘各系统、各总成主要由机械零部件构成，使用机械控制，部分总成采用了液力传动。

现阶段应用较为成熟的底盘技术包括：① ESP（ESC、VSC）电子稳定控制系统，该技术主要是在紧急情况下对车辆的行驶状态进行主动干预，它整合了ABS和TCS的功能，并且增加横摆扭矩控制——防侧滑功能，可以防止车辆在高速行驶转弯或制动过程中失控；② TCS（牵引力控制技术），该技术是根据驱动轮的转数及传动轮的转数来判定驱动轮是否发生打滑现象，当前者大于后者时，进而抑制驱动轮转速的一种防滑控制系统；③ TPMS（胎压监测系统），其作用是在汽车行驶过程中对轮胎气压进行实时自动监测，并对轮胎漏气和低气压进行报警，以确保行车安全；④ ACC（自适应巡航控制系统），在车辆行驶过程中，安装在车辆前部的车距传感器（雷达）持续扫描车辆前方道路，同时轮速传感器采集车速信号。当与前车之间的距离过小时，ACC控制单元可以通过与防抱死制动系统、发动机控制系统协调动作，使车轮适当制动，并使发动机的输出功率下降，以使车辆与前方车辆始终保持安全距离。由此可见，现代汽车集机电于一体。汽车底盘电子控制系统在提高操纵性、安全性、舒适性等方面起着重要作用。

任务目标

① 掌握底盘的基本组成及类型。

② 熟悉底盘四大系统的基本组成和工作原理。

③ 掌握汽车底盘各部件的类型、结构特点和适用场合。

知识准备

汽车底盘由传动系、行驶系、转向系和制动系四部分组成。底盘的作用是支承、安装汽车发动机及其各部件、总成，形成汽车的整体造型，并接受发动机的动力，使汽车产生运动，保证正常行驶。汽车底盘（货车）的结构组成如图1-2-1所示。

1 传动系统

汽车传动系统的基本功用是将发动机发出的动力按照需要传给驱动轮，推动汽车行驶。按照结构和传动介质不同，汽车传动系统分为机械式、液力机械式、静液式、电力式等。

传动系统具有减速、变速、倒车、中断动力、轮间差速和轴间差速等功能，与发动机配合工作，能保证汽车在各种工况条件下正常行驶，并具有良好的动力性和经济性。

汽车传动系统主要由离合器、变速器、万向传动装置、驱动桥（主减速器、差速器、半轴）等部件组成。桑塔纳轿车机械式传动系统如图1-2-2所示。

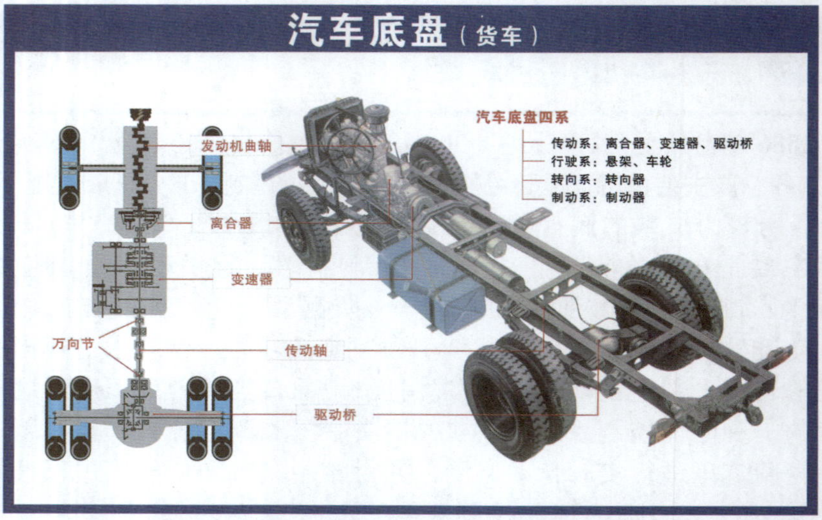

图 1-2-1　汽车底盘（货车）的结构组成

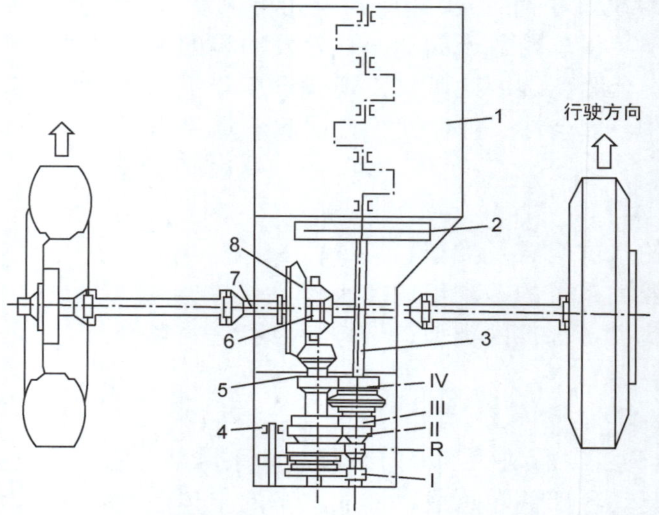

图 1-2-2　桑塔纳轿车传动系（手动挡）示意图

1—发动机；2—离合器；3—变速器输入轴；4—变速器；5—变速器输出轴；6—差速器；7—传动轴；8—主减速器；Ⅳ—4 挡齿轮；Ⅲ—3 挡齿轮；Ⅱ—2 挡齿轮；R—倒挡齿轮；Ⅰ—1 挡齿轮

（1）离合器

① 离合器：它是汽车传动系统的重要组成部件，它通常装于发动机与变速器之间，与手动变速器相配套。

在驾驶汽车的实践过程中，我们体会到：汽车挂挡起步时，左脚逐渐抬起离合器踏板，右脚逐渐踩下加速踏板使发动机供油量增大，才能使汽车缓缓起步；换挡时，只有将离合器踏板踩下后，才有可能避免齿轮轮齿的撞击；紧急制动时若来不及踩离合器踏板，发动机和传动系统都会受到很大冲击，很容易造成发动机与传动系的机件损坏。

从离合器的名称本身可以知道离合器是一个可以分离、接合的元件或总成，它位于发动机与变速器之间，其功用如下：

- 保证发动机顺利起动和汽车平稳起步。
- 保证传动系统在换挡时工作平顺。
- 防止传动系统过载。

根据离合器的功用，它应该满足以下要求：

- 保证能可靠地传送发动机最大的转矩，又能防止传动系统过载。
- 接合平顺柔和，保证汽车平稳起步。
- 分离迅速彻底，便于发动机起动和变速器换挡。
- 具有良好的散热能力。
- 操纵轻便，减轻驾驶人的疲劳。
- 旋转部分的平衡性好，且从动部分的转动惯量尽可能小，以减小换挡时冲击。

② 离合器的类型。汽车上应用的离合器主要有以下形式：

- 摩擦式离合器：主要指利用主、从动部分的摩擦作用来传递转矩的离合器，目前在汽车上广泛采用。
- 液力偶合器：指利用液体作为传动介质的离合器。原来多用于自动变速器，目前在汽车上几乎不采用。
- 液力变矩器：在液力耦合器基础上改进而来，目前与自动变速器配套使用，广泛应用于汽车上。

现代汽车上，尤其是手动挡汽车，应用最广泛的是摩擦式离合器，其类型很多，又可分类如下：

- 按从动盘数目，可分为单片式、双片式、多片式。
- 按压紧弹簧的形式及布置形式，可分为周布螺旋弹簧式、中央弹簧式、膜片弹簧式和斜置弹簧式等。
- 按操作机构不同可分为机械式（杆式和绳式）、液压式、气压式和空气助力式等。

③ 离合器的组成：当前汽车所采用的摩擦离合器为干摩擦式离合器。它主要由主动部分、从动部分、压紧机构、分离机构和操纵机构组成，干式摩擦离合器结构如图 1-2-3 所示。

发动机飞轮是离合器的主动部分，作为从动部分的从动盘与花键轴套中的花键铆合在一起，花键毂与变速器输入轴借滑动花键相连。压紧机构的弹簧通过压盘将从动片压紧在飞轮的端面上，发动机的动力则由飞轮和压盘的端面通过摩擦作用传给离合器的从动部分，经变速器输入轴传给汽车传动系统，以产生驱动扭矩使汽车前进。此时，离合器处于接合状态。

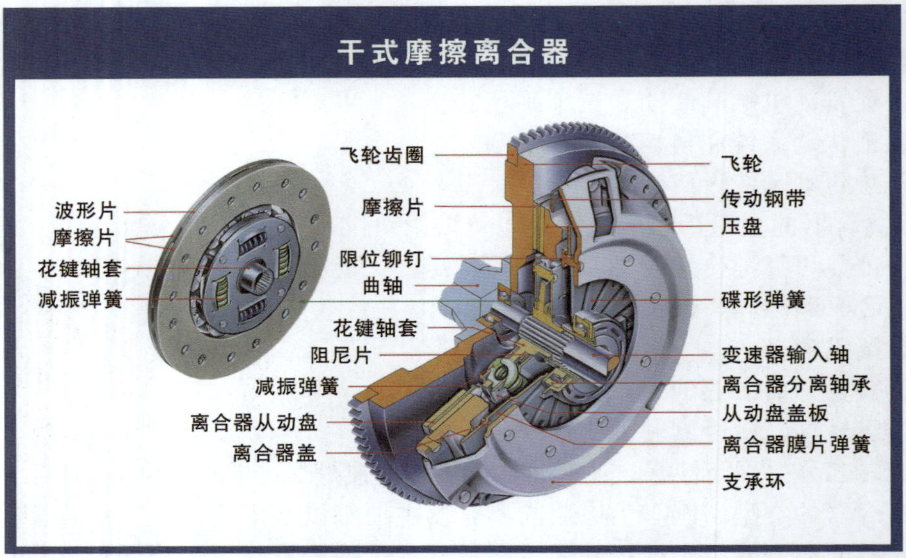

图 1-2-3　干式摩擦离合器结构图

（2）变速器

① 变速器概述：用于满足汽车在行驶中变化的动力特性要求，有利于发动机在功率较高而油耗较低的经济工况下工作，还具有通过空挡中断动力传递和通过倒挡使汽车倒向行驶的功能。

汽车变速器通过改变传动比，改变发动机曲轴的转矩，适应在起步、加速、行驶，以及克服各种道路阻碍等不同行驶条件下对驱动车轮牵引力及车速不同要求的需要。为此必须在汽车传动系中设置变速器，其功用如下：

- 改变传动比，扩大汽车牵引力和速度变化范围，以适应汽车在不同条件下的需要。
- 在发动机曲轴旋转方向不变的条件下，使汽车能够倒向行驶。
- 利用变速器空挡中断发动机向驱动轮的动力传递，使发动机能够起动和怠速运转，并满足汽车暂时停车和滑行的需要。
- 利用变速器作为动力输出装置驱动其他机构，如自卸车的液压举升装置等。

变速器按传动比的变化方式划分，可分为有级式、无级式和综合式三类。按照操纵机构分类方式，分为强制操纵式、半自动操纵式和自动操纵式变速器 3 种。

普通齿轮变速器（MT）主要分为两轴式和三轴式两种。一般由变速器壳、变速器盖、第一轴、中间轴、第二轴、倒挡轴、齿轮、轴承、同步器和操纵机构等组成。液力自动变速器（AT）主要由自动离合器和自动变速器两大部分组成。

② 手动变速器。以手动方式操作变速器去做变换挡位的动作，使手动变速器内的输入轴和输出轴上的齿轮啮合。多组不同齿数的齿轮搭配啮合之后，便可产生多种减速的比率。目前的手动变速器均使用同步齿轮的啮合机构，使换挡操作更加简易，换挡的平顺性也更好。手动变速器外观如图 1-2-4 所示。

③ 自动变速器。现代的自动变速系统中含有液体扭力转换器、自动变速器、电子控制系统三个主要部分。在电子控制系统中加入手动换挡的控制程序，就成了具有手动操作功能的“手自一体变速器”。自动变速器外观如图 1-2-5 所示。它以行星齿轮组构成换挡机构，利用油压推动多组的摩擦片，去控制行星齿轮组的动作，以改变动力在齿轮组的传送路径，因而产生多种不同的减速比率。

图 1-2-4　手动变速器

图 1-2-5　自动变速器

④ 无级变速器（CVT）。它的速比不是间断的，而是一系列连续的值，例如可以从 3.455 一直变化到 0.85。CVT 结构比传统自动变速器简单，体积更小，它既没有手动变速器的众多齿轮副，也没有自动变速器复杂的行星齿轮组，它主要靠主、从动轮和金属带或滚轮转盘来实现速比的无级变化。无级变速器结构外观如图 1-2-6 所示。

图 1-2-6　无级变速器（CVT）

⑤ 直接换挡变速器（DSG）。DSG 内含两台自动控制的离合器，由电子控制及液压推动，能同时控制两组离合器的运作。当变速器运作时，一组齿轮啮合，而接近换挡之时，下一组挡段的齿轮已被预选，但离合器仍处于分离状态；当换挡时一台离合器将使用中的齿轮分离，同时另一台离合器啮合已被预选的齿轮，在整个换挡期间能确保最少有一组齿轮在输出动力，使动力没有出现间断的状况。

使用两台离合器，但没有离合器踏板。先进的电子系统和液压系统像控制标准自动变速器那样对离合器进行控制。但在双离合器变速器中，各离合器单独运转。一台离合器控制奇数挡（一挡、三挡、五挡和倒挡），另一台离合器控制偶数挡（二挡、四挡和六挡）。不需要中断从发动机到变速器的动力传送就可以换挡。直接换挡变速器外观如图 1-2-7 所示。

（3）万向传动轴装置

在发动机前置后驱的汽车上，变速器与发动机、离合器连在一起安装在车架上，而驱动桥通过弹性悬架与车架连接，变速器输出轴轴线与驱动桥输入轴轴线很难布置得重合，并且在行驶过程中，弹性悬架受到路面冲击而产生振动，使两轴不能刚性连接，必须采用万象传动装置，如图 1-2-8 所示。

万向传动装置的功用是在轴间夹角及相互位置经常发生变化的转轴之间传递动力。

万向传动装置主要是由万向节和传动轴组成，对于距离较远的分段式传动轴，为了能提高传动轴的刚度，还设置了中间支承。

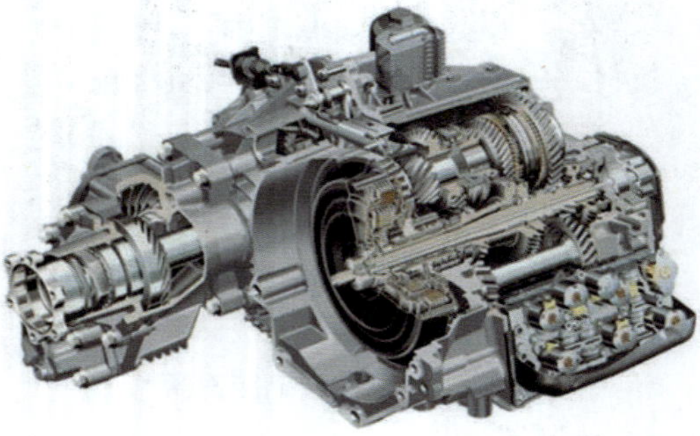

图 1-2-7　直接换挡变速器

图 1-2-8　万向传动装置

万向节按其速度特性分为普通万向节、准等速万向节和等速万向节。按照其刚度大小，可分为刚性万向节和柔性万向节。十字轴式刚性万向节如图 1-2-9 所示。

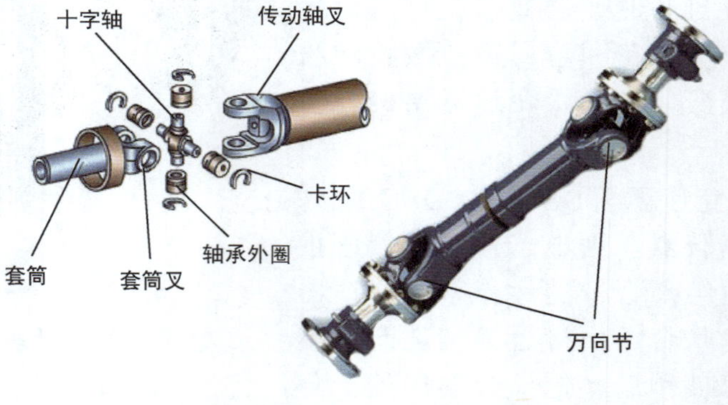

图 1-2-9　十字轴式刚性万向节

万向传动轴总成由外万向节（RF 节）、内万向节（VL 节）和花键轴组成，RF 节和 VL 节均为球笼式等速万向节。VL 节用螺栓与差速器传动轴凸缘相连接，RF 节通过外星轮端部的花键轴与前轮相连接，左、右前轮分别由 1 根等速万向节传动轴驱动。

（4）驱动桥

驱动桥的功用：就是将万向传动装置输入的动力经降速增矩、改变动力传递方向后，分配到左右驱动轮，使汽车行驶，并允许左右驱动轮以不同的转速旋转。

驱动桥主要由主减速器、差速器、半轴、桥壳组成。

驱动桥有整体式、断开式两种类型。整体式驱动桥与非独立悬架配套使用。其驱动桥壳是一个刚性整体桥，驱动桥两端通过悬架与车架连接，左右半轴始终在一条直线上，即左右驱动轮不能相互独立跳动。整体式驱动桥外观如图 1-2-10 所示。

断开式驱动桥与独立悬架配套使用。其主减速器固定在车架上，驱动桥壳制成分段并用铰链连接，半轴也分段并用万向节连接。驱动桥两端分别用悬架与车架连接，这样，两侧驱动轮及桥壳可以彼此相对于车架上下跳动。断开式驱动桥如图 1-2-11 所示。

图 1-2-10　整体式驱动桥外观

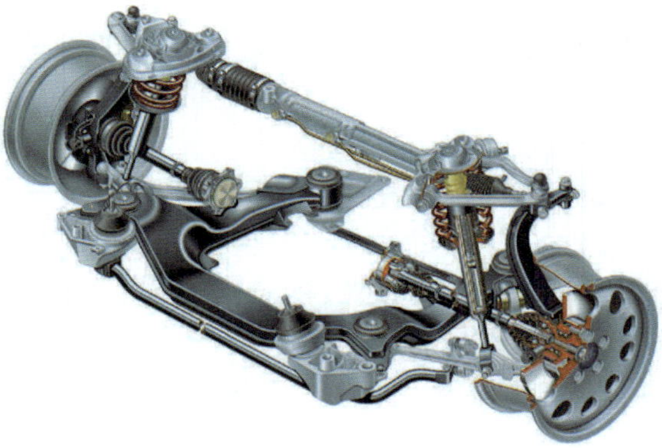

图 1-2-11　断开式驱动桥

① 主减速器：其功用是将输入的转矩增大，转速减小，并将动力传递的方向改变后，传给差速器。对发动机纵置的汽车来说，主减速器还利用锥齿轮传动以改变动力方向。

汽车正常行驶时，发动机的转速通常在 2 000 ～ 3 000 r/min，如果将这么高的转速只靠变速器降下来，那么变速器内齿轮副的传动比则需很大，而齿轮副的传动比越大，两齿轮的半径比也越大，换句话说，也就是变速器的尺寸会越大。另外，转速下降，而扭矩必然增加，也就加大了变速器与变速器后一级传动机构的传动负荷。所以，在动力向左右驱动轮分流的差速器之前设置一个主减速器，可使主减速器前面的传动部件如变速器、分动器、万向传动装置等传递的扭矩减小，也可使变速器的尺寸、质量减小，操纵省力。现代汽车的主减速器，广泛采用螺旋锥齿轮和双曲面齿轮。双曲面齿轮工作时，齿面间的压力和滑动较大，齿面油膜易被破坏，必须采用双曲面齿轮油润滑，绝不允许用普通齿轮油代替，否则将使齿面迅速擦伤和磨损，大大降低使用寿命。北京切诺基主减速器外观如图 1-2-12 所示。

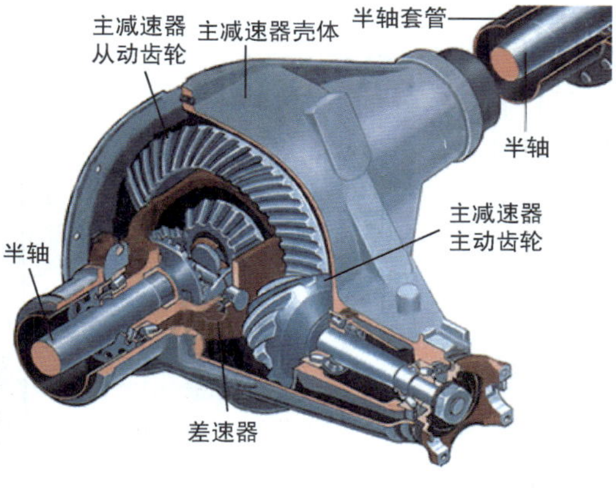

图 1-2-12　北京切诺基主减速器

② 差速器：其功用是将主减速器传来的动力传给左右两半轴，以不同的转速旋转，满足两侧驱动轮的差速需要。

差速器的类型按照其工作特性可分为普通齿轮式差速器和防滑差速器两大类。通常从动车轮用轴承支承在心轴上，使之能以任何角速度旋转，而驱动车轮分别与两根半轴刚性连接，在两根半轴之间装有差速器。这种差速器又称轮间差速器。多轴驱动的越野汽车，为使各驱动桥能以不同角速度旋转，以消除各桥上驱动轮的滑动，有的在两驱动桥之间装有轴间差速器。现代汽车上的差速器通常按其工作特性分为齿轮式差速器和防滑差速器两大类。齿轮式差速器当左右驱动轮存在转速差时，差速器分配给慢转驱动轮的转矩大于快转驱动轮的转矩。这种差速器转矩均分特性能满足汽车在良好路面上正常行驶。但当汽车在坏路上行驶时，却严重影响通过能力。差速器结构如图 1-2-13 所示。

图 1-2-13　差速器结构图

③ 半轴：半轴是差速器与驱动轮之间传递扭矩的实心轴，其内端一般通过花键与半轴齿轮连接，外端与轮毂连接。半轴的功用就是将差速器传来的动力传给驱动轮。半轴的支承形式有全副式和半浮式的支承形式。半轴结构如图 1-2-14 所示。

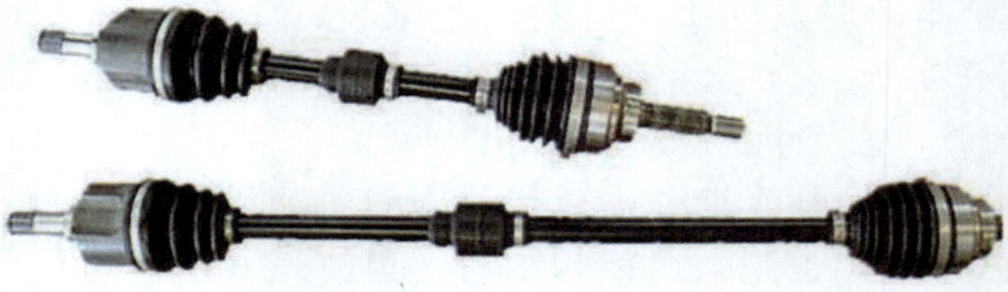

图 1-2-14　半轴结构图

④ 桥壳：其作用就是安装并保护主减速器、差速器、半轴。设计桥壳时，要求桥壳具有一定的强度和刚度，质量小，便于主减速器拆装和调整。驱动桥壳可分为整体式桥壳和分段式桥壳两种类型。整体式桥壳的结构如图 1-2-15 所示。

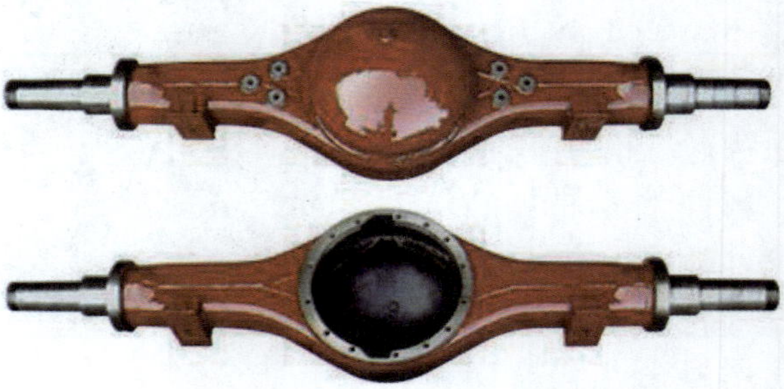

图 1-2-15　整体式桥壳结构

❷ 行驶系统

汽车行驶系统的功用是：接受传动系统的动力，通过驱动轮与路面的作用产生牵引力，使汽车正常行驶；承受汽车的总重量和地面的反力；缓和不平路面对车身造成的冲击，衰减汽车行驶中的振动，保持行驶的平顺性；与转向系配合，保证汽车操纵稳定性。

汽车作为一种地面交通工具，其行驶系统的基本组成在很大程度上取决于汽车经常行使的路面的性质。绝大多数汽车都行驶在坚实的路面上，与地面接触的是车轮，这种行驶系统称为轮式行驶系统，这种汽车称为轮式汽车。轮式汽车行驶系统由汽车的车架、车桥、车轮和悬架等组成。

（1）车架

车架是全车的装配基础，它将汽车的各相关总成连接成一个整体。车架也称大梁，作为汽车的基体，跨接在各车桥之间，一般由两根纵梁和几根横梁组成，经由悬挂装置、前桥、后桥支承在车轮上。具有足够的强度和刚度以承受汽车的载荷和从车轮传来的冲击。

车架（见图 1-2-16）是整个汽车的基础，要承受汽车内外的各种载荷，因此，必须满足下列要求：

① 要满足汽车总体布置的要求。

② 要有合适的强度。

③ 要有足够的刚度。

④ 结构应该简单，尽量减少车架的质量，并使装于车架上的机件易于拆装。

⑤ 车架的形状要尽可能地配合车身及各总成以降低汽车的质心和获得较大的前轮转向角，有利于提高汽车的稳定性和机动性。这一点对于轿车和大客车极为重要。

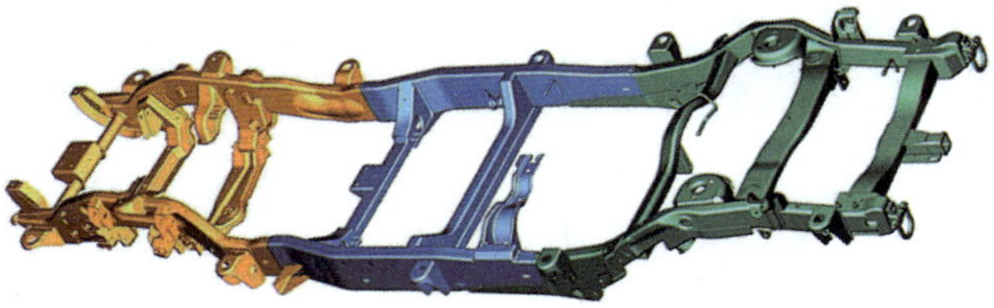

图 1-2-16　汽车车架

（2）车桥

车桥（也称车轴）通过悬架与车架（或承载式车身）相连接，两端安装汽车车轮。车桥的功用是传递车架与车轮之间的各向作用力，车架所受的垂直载荷通过车桥传到车轮，如图 1-2-17 所示。车轮上的滚动阻力、驱动力、制动力和侧向力及其弯矩、转矩又通过车桥传递给悬架和车架，故车桥的作用是传递车架与车轮之间的各向作用力及其所产生的弯矩和转矩。

根据悬架的结构型式，车桥可分为整体式和断开式两种。

按照车桥上车轮的运动方式和作用，车桥可分为转向桥、驱动桥、转向驱动桥和支持桥 4 种类型。其中，转向桥和支持桥都属于从动桥。一般汽车的前桥多为转向桥，后桥或中、后两桥多为驱动桥。越野汽车和一些轿车的前桥既是转向桥又是驱动桥，故称为转向驱动桥。

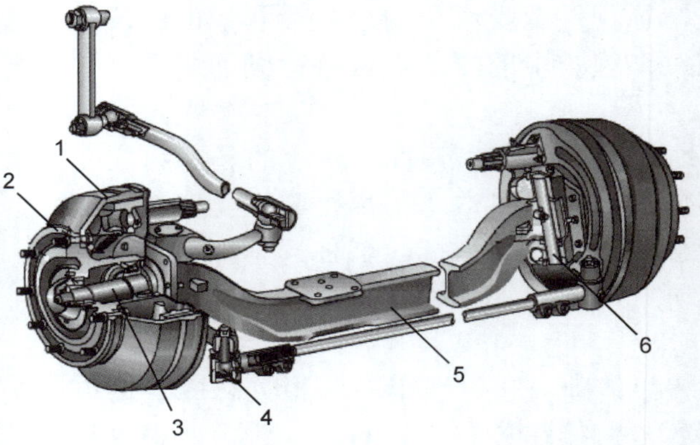

图 1-2-17　车桥

1—制动鼓；2—轮毂；3—转向节；4—转向节臂；5—前轴；6—主销

（3）车轮和轮胎

汽车行驶性能的好坏与车轮和轮胎有密切的关系，如图 1-2-18 所示。车轮与轮胎是汽车行驶系统中的主要部件，汽车通过车轮由轮胎直接与地面接触在道路上行驶。其主要功用是：承载汽车总质量；吸收与缓和汽车行驶时所受到的路面冲击和振动；保证轮胎与路面的良好附着性能，以提高汽车的动力性、制动性和通过性；产生平衡汽车转向行驶时离心力的侧抗力，在保证汽车正常转向行驶的同时，通过轮胎产生的自动回正力矩，使汽车保持直线行驶。

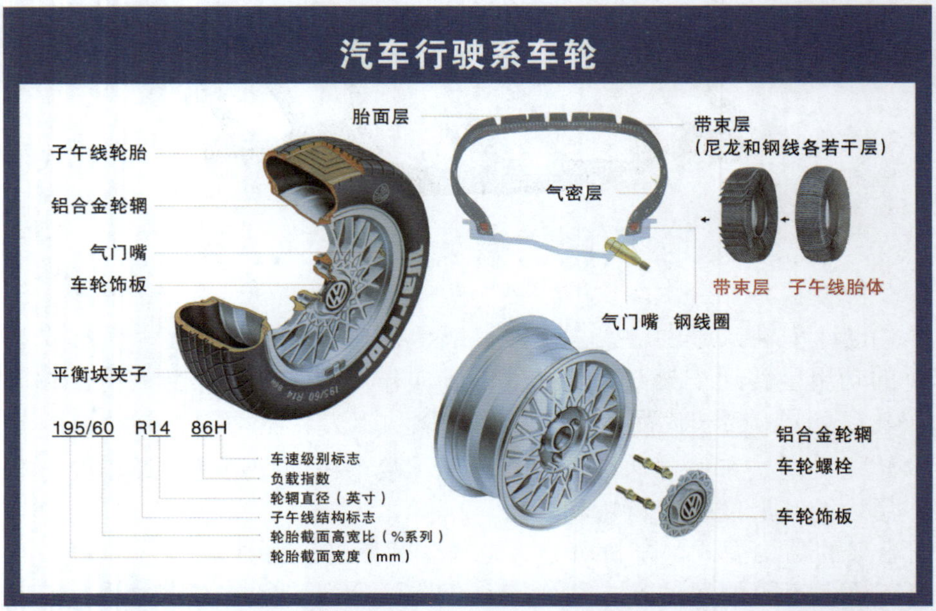

图 1-2-18　汽车行驶系统（车轮）

① 车轮。车轮是介于轮胎与车桥之间承受负荷的旋转组件，其功用是安装轮胎，承受轮胎与车桥之间的各种作用力和力矩。

车轮由轮毂、轮辋、轮辐（轮毂与轮辋的连接部分）组成。按照轮辐结构不同，车轮分为辐板式和辐条式，如图 1-2-19 所示。

② 轮胎。轮胎安装在轮辋上，直接与路面接触，如图 1-2-20 所示。它具有如下作用：

- 和汽车悬架共同缓和汽车行驶中所受的冲击，并衰减由此产生的振动，保证汽车有良好的乘坐舒适性和行驶平顺性。
- 保证车轮和路面有良好的附着性，提高汽车牵引性、制动性和通过性。
- 支承汽车的质量。承受路面的其他反作用力。

因此，轮胎必须具有适宜的弹性和承受载荷的能力，同时，在其与路面直接接触的胎面部分，应具有增强附着作用的花纹。

图 1-2-19　车轮结构图

图 1-2-20　轮胎

（4）悬架

汽车车架或车身若直接安装于车桥上，则会由于道路不平而上下颠簸振动，从而使车上的乘员感到不舒适或者使货物损坏，因此，汽车上必须有悬架装置。汽车悬架是车架或车身与车桥之间一切传力连接装置的统称，它具有以下功用：

① 弹性地连接车桥与车架或车身，缓和行驶中车辆受到的冲击力，保证货物完好和人员舒适。

② 衰减由于弹性系统引起的振动，传递垂直、纵向、侧向反力及其力矩。

③ 起导向作用，使车轮按一定轨迹相对车身跳动。

如图 1-2-21 所示，悬架主要由弹性元件、导向装置和减振器等三部分组成。

悬架的主要作用是把路面作用于车轮上的垂直反力（支承力）、纵向反力（驱动力和制动力）和侧向反力，以及这些反力所形成的力矩传递到车架（或承载式车身）上，以保证汽车的正常行驶。

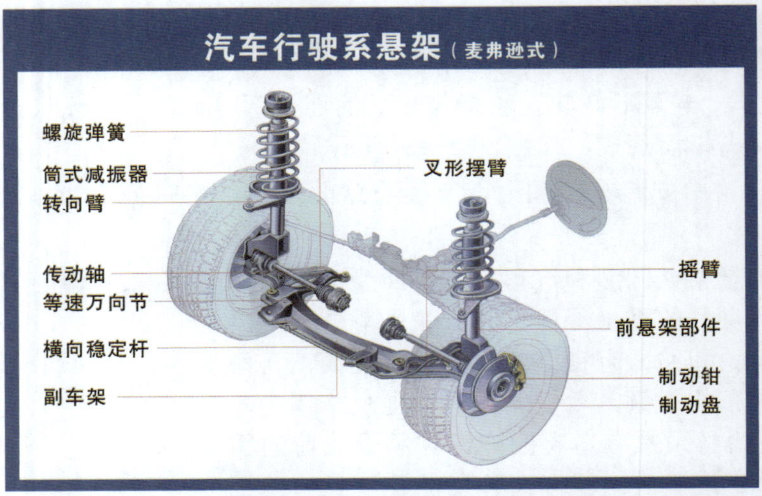

图 1-2-21 悬架系统的组成

❸ 转向系统

（1）转向系统概述

汽车在行驶中，经常需要改变行驶方向。汽车上用来改变汽车行驶方向的机构称为汽车转向系统，如图 1-2-22 所示。汽车行驶方向的改变是由驾驶人通过操纵转向系统来改变转向轮（一般是前轮）的偏转角度实现的。转向系统不仅可以改变汽车的行驶方向，使其按照驾驶人规定的方向行驶，而且还可以克服由于路面侧向干扰力使车轮自行产生的转向，恢复汽车原来的行驶方向。

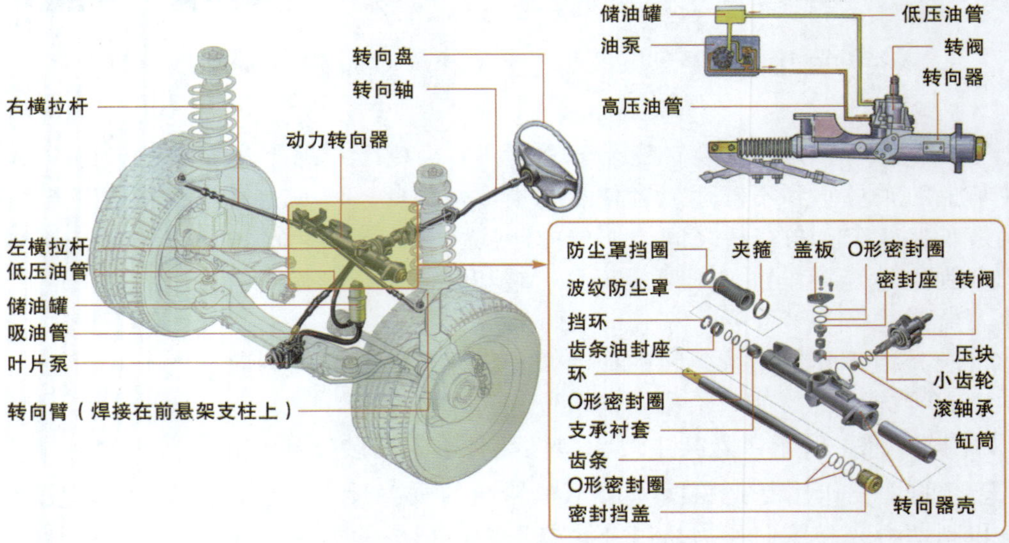

图 1-2-22 汽车转向系统

（2）转向系统分类

汽车转向系统根据其转向能源的不同，可以分为机械转向系统和动力转向系统两大类型。

① 机械转向系统：以驾驶人的体力作为转向能源，又称人力转向系统。机械转向系统一般由三部分组成，即转向操纵机构、转向器和转向传动机构，如图 1-2-23 所示。

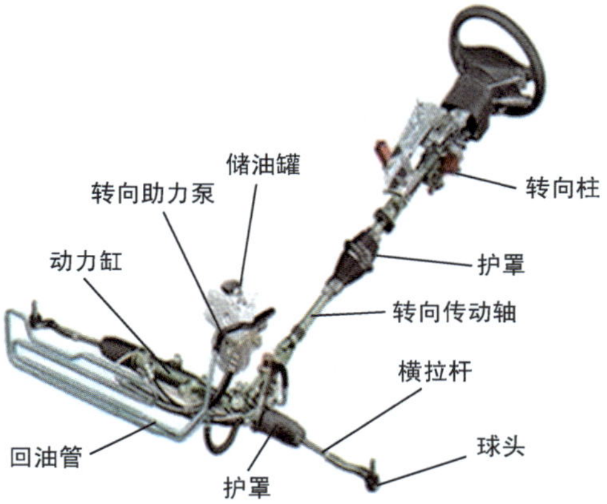

图 1-2-23　机械转向系统示意图

② 动力转向系统：兼用驾驶人体力和发动机动力作为转向能源，并且以发动机动力作为主要能源。动力转向系统是在机械转向系基础上加设一套转向加力装置而成（见图 1-2-24），在很大程度上减轻了驾驶人的操纵力。

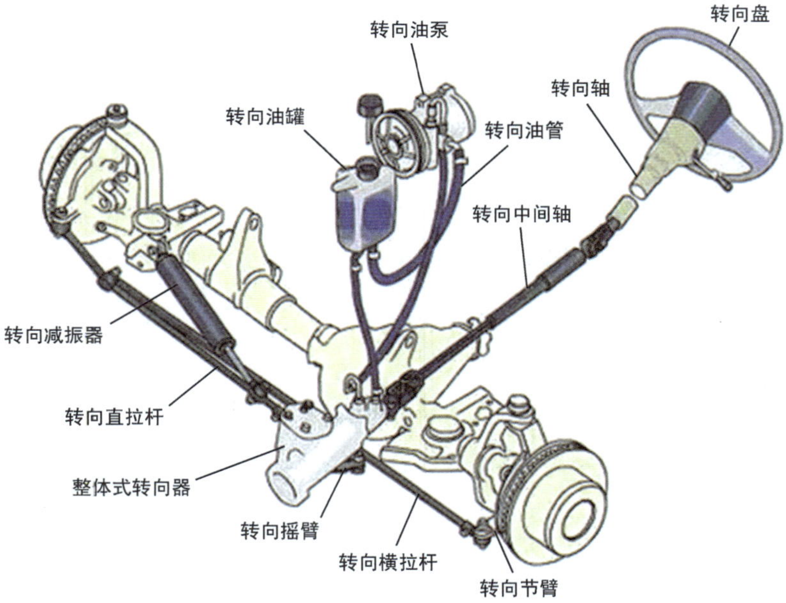

图 1-2-24　动力转向系统示意图

④ 制动系统

（1）制动系统概述

当汽车行驶在宽阔平坦、车流和人流较少的路况下时，可以通过高速行驶以提高运输生产效率。但汽车行驶过程中也会遇到复杂多变的路面状况，如进入弯道、遇到不平的道路、两车交会、突遇障碍物等，为了保证行驶安全，就要求汽车在尽可能短的距离内将车速降低，甚至停车。为了提高汽车安全行驶的性能，汽车设置了制动系统。汽车制动系统的功用是根据需要，使汽车减速或在最短的距离内停车，以保证行车的安全。

汽车在下长坡时，在重力的分力作用下，汽车有不断加速到危险程度的趋势，此时应当将车速限定在安全值内，并保持相对稳定。

此外，对停驶的汽车，特别是在坡道上停驶的汽车应使之可靠地驻留在原地不动。

（2）制动系统分类

汽车制动系统按功能不同可分为：

① 驻车制动装置：主要用于停车后防止车辆滑溜。

② 行车制动装置：使行驶中的汽车按照驾驶人的要求进行适时减速、停车。

③ 应急制动装置：主要用独立的管路控制车轮制动器作为备用系统。

汽车制动传动机构按制动力源可分为：

① 人力式制动传动机构：单靠驾驶人施加于制动踏板或手柄上的力作为制动力源的传动机构。其中，又分液压式和机械式两种，机械式仅用于驻车制动。

② 伺服制动传动机构：利用发动机的动力作为制动力源，并由驾驶人通过踏板或手柄加以控制的传动机构。其中又分为气压式、真空液压式、空气液压式。

（3）制动系统组成

任何汽车制动系统都具有以下 4 个基本组成部分，如图 1-2-25 所示。

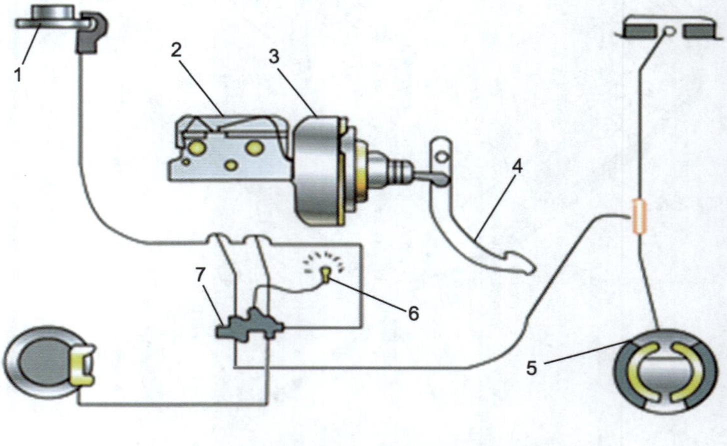

图 1-2-25 轿车典型制动系统组成示意图

1—前轮盘式制动器；2—制动主缸；3—真空助力器；4—制动踏板机构；
5—后轮鼓式制动器；6—制动警示灯；7—制动组合阀

① 供能装置：包括供给、调节制动所需的能量，以及改善传能介质状态的各种部件，如真空助力器。

② 控制装置：包括产生制动动作和控制制动效能的各种部件，如制动踏板。

③ 传动装置：包括将制动能量传输到制动器的各个部件，如制动主缸。

④ 制动器：产生阻碍车辆运动或运动趋势的力（制动力）的部件。

较为完善的制动系还有制动力调节装置。例如，用来调节前后车轮制动力的分配元件、制动防抱死系统（ABS）、电子制动力分配系统（EBD）、电子稳定系统（ESP）和驱动防滑系统（或称牵引力控制系统）TRC（ASR）。

此外，许多汽车还装有第二制动装置，其作用是一旦行车制动装置失效，保证汽车仍能实现减速或停车。经常在山区行驶的汽车，若单靠行车制动装置来限制下长坡的汽车车速，则可能导致制动器过热而降低制动效能，甚至完全失效，故还应增装辅助制动装置。另外，较完善的制动系还具有报警装置、压力保护装置等附加装置。

任务训练

1. 写出下列汽车底盘部件名称及安装位置。

部件名称____________________
安装位置____________________

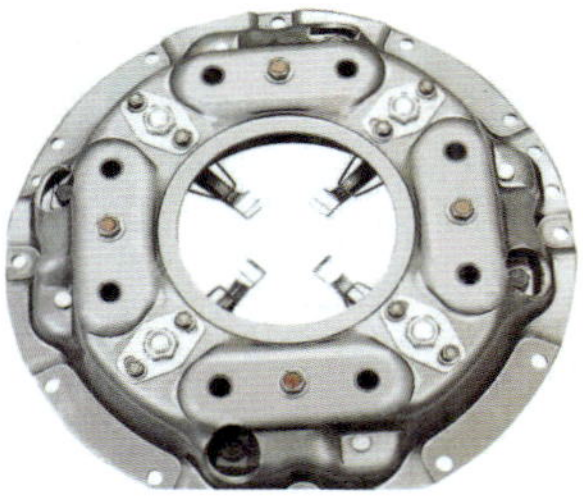

部件名称____________________
安装位置____________________

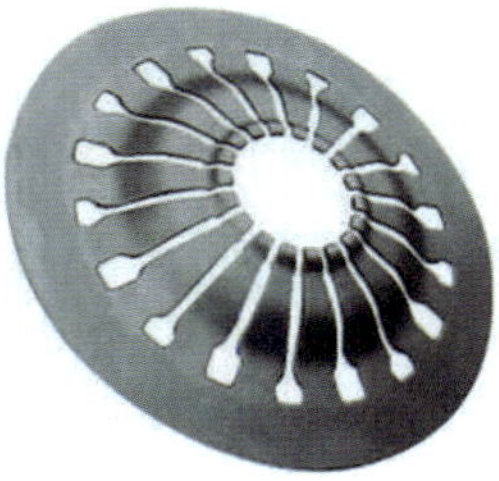

部件名称____________________
安装位置____________________

部件名称____________________
安装位置____________________

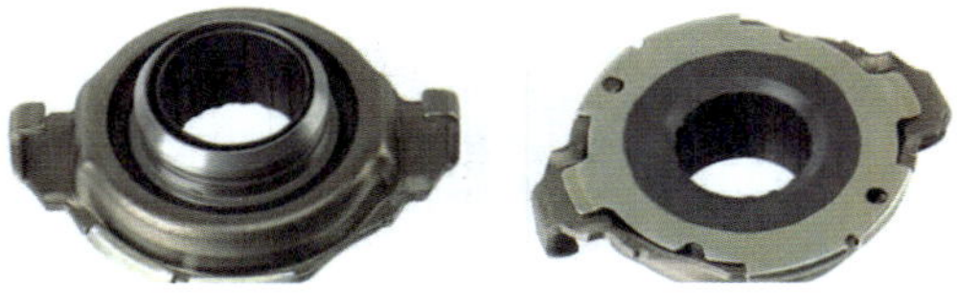

部件名称____________________
安装位置____________________

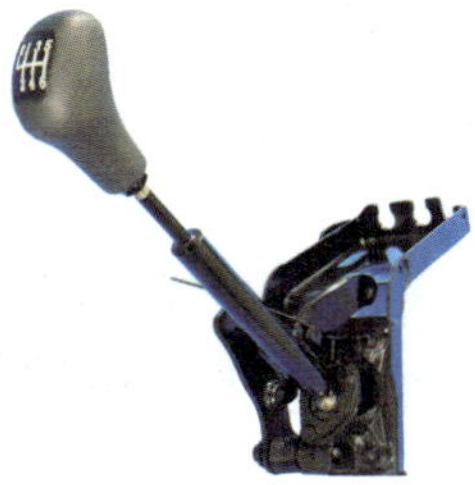

部件名称____________________
安装位置____________________

部件名称________________
安装位置________________

部件名称________________
安装位置________________

部件名称________________
安装位置________________

部件名称________________
安装位置________________

部件名称________________
安装位置________________

部件名称________________
安装位置________________

部件名称________________
安装位置________________

部件名称________________
安装位置________________

部件名称________________

安装位置________________

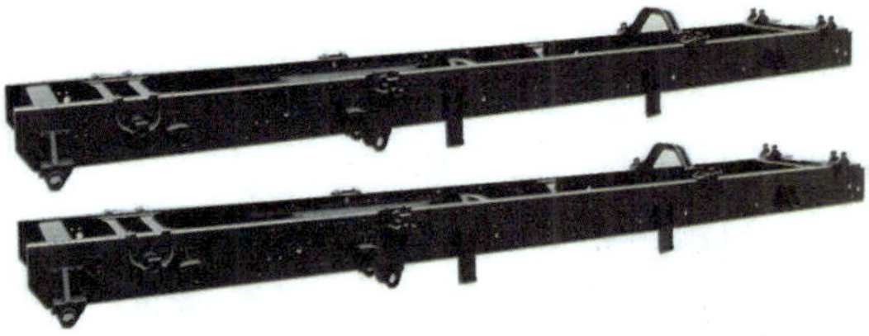

部件名称________________

安装位置________________

部件名称________________

安装位置________________

部件名称________________

安装位置________________

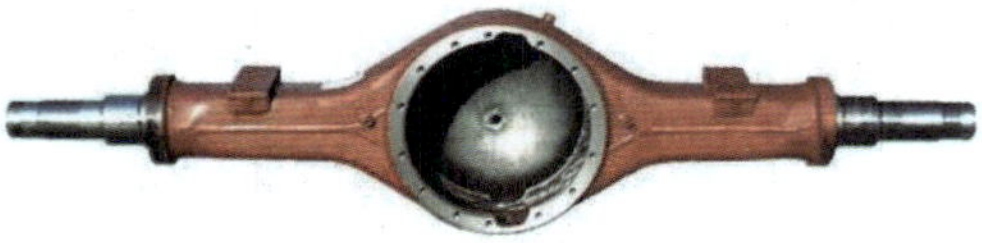

部件名称________________

安装位置________________

部件名称________________

安装位置________________

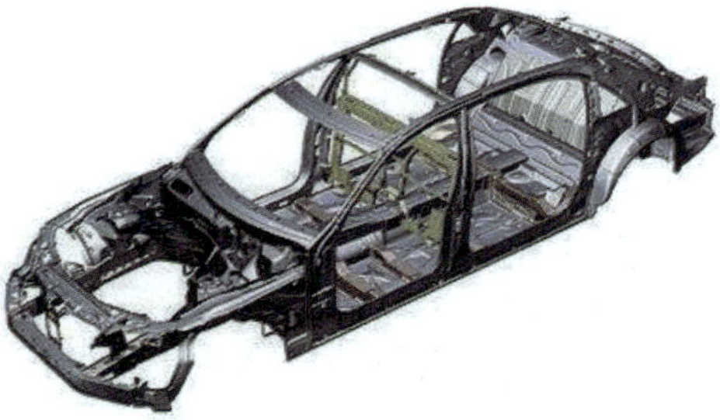

部件名称________________

安装位置________________

部件名称________________

安装位置________________

部件名称________________
安装位置________________

部件名称________________
安装位置________________

部件名称________________
安装位置________________

部件名称________________
安装位置________________

部件名称________________
安装位置________________

部件名称________________
安装位置________________

部件名称________________
安装位置________________

部件名称________________
安装位置________________

2. 写出汽车底盘四大系统分别是哪些，并写出四大系统的组成部件及功用。

笔记及心得：

任务三 汽车发动机认知

汽车发动机是为汽车提供动力的发动机，是汽车的心脏，影响汽车的动力性、经济性和环保性。根据动力来源不同，汽车发动机可分为柴油发动机、汽油发动机、电动汽车电动机，以及混合动力等。汽车发动机是为汽车提供动力的发动机，是汽车的心脏，影响汽车的动力性、经济性和环保性。根据动力来源不同，汽车发动机可分为柴油发动机、汽油发动机、电动汽车电动机，以及混合动力发动机等。

常见的汽油机和柴油机都属于往复活塞式内燃机，是将燃料的化学能转化为活塞运动的机械能并对外输出动力。汽油机转速高，质量小，噪声小，起动容易，制造成本低；柴油机压缩比大，热效率高，经济性能和排放性能都比汽油机好。

除了使用汽油和柴油之外，使用其他新能源的汽车被称为新能源汽车，包括纯电动汽车、混合动力汽车、燃料电池汽车、燃气汽车、生物乙醇、生物柴油汽车和氢汽车等。我国市场上在售的新能源汽车大多是混合动力汽车，但是目前已把纯电动汽车作为主攻方向。

任务目标

① 掌握发动机的组成部件及安装位置。
② 熟悉发动机的类型及常用术语。
③ 掌握发动机的总体构造与工作原理。

知识准备

汽车是由成千上万个零件组成的结构复杂的交通工具，根据汽车的动力装置、行驶条件等的不同，汽车的具体构造也有很大差别，但是总体的结构通常由发动机、底盘、车身和电气设备等 4 个基本部分组成。典型的汽车总体构造如图 1-3-1 所示。

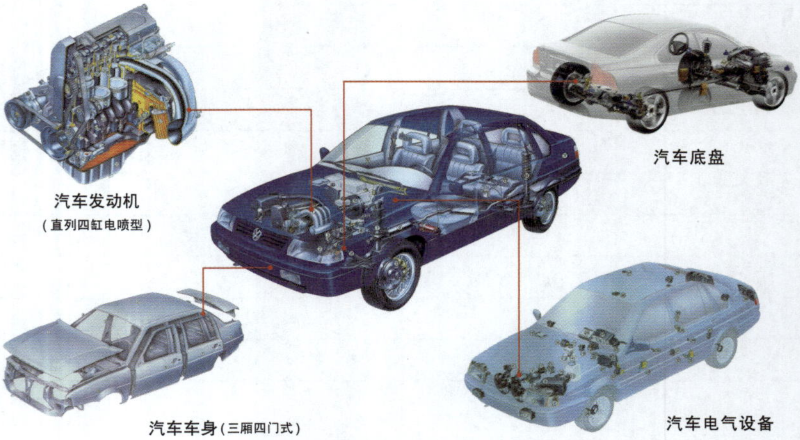

图 1-3-1　汽车总体结构组成

❶ 汽车发动机概述

汽车发动机是将燃料燃烧产生的内能转变为机械能的热力发动机，是汽车的动力装置。现代汽车所用的发动机主要是内燃机，其特点是燃料在气缸内部燃烧，将所产生的内能转换为机械能。

发动机是汽车的动力源，是将燃料燃烧放出的热能转化为机械能，并且通过机械系统进行有效输出的机器。汽车发动机外观如图 1-3-2 所示，汽车发动机外观组成部件如图 1-3-3 所示。

图 1-3-2　汽车发动机外观

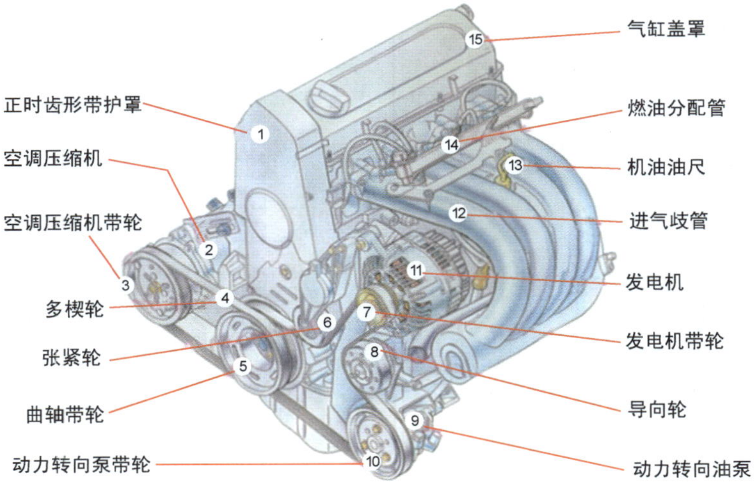

图 1-3-3　汽车发动机外观组成部件

在现代汽车上广泛使用的发动机是往复活塞式汽油和柴油内燃机，它一般由曲柄连杆机构、配气机构、燃料供给系统、冷却系统、润滑系统、点火系统（仅用于汽油内燃机）、起动系统等组成。汽车发动机组成部件如图 1-3-4 所示。

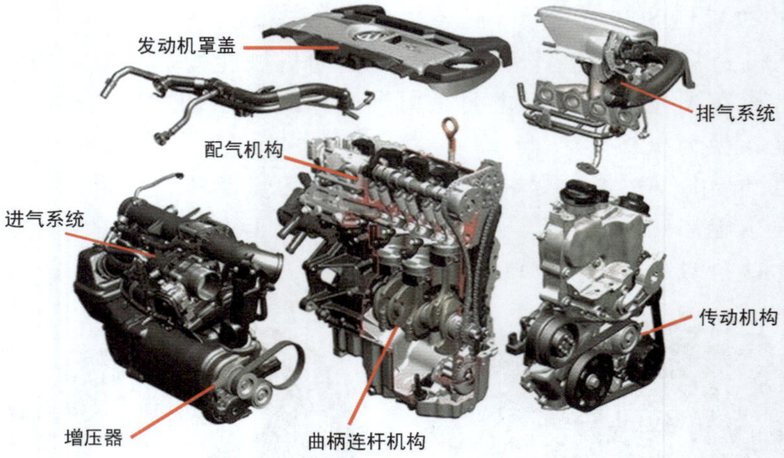

图 1-3-4　汽车发动机组成部件

② 不同类型发动机认知

（1）直列式发动机

直列式发动机是发动机的气缸排列型式之一，这种结构在排量小于 2.0 L 的汽车发动机中最常见。因为它的气缸成直线排列，所以又叫同轴四缸发动机。直列式发动机外观如图 1-3-5 所示。

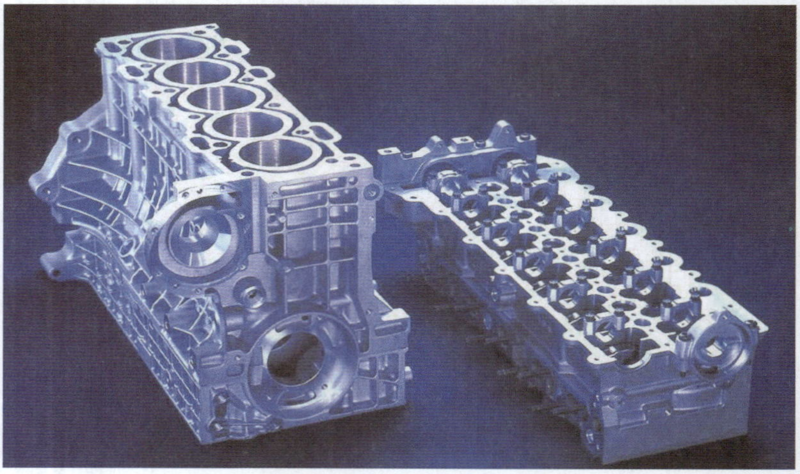

图 1-3-5　直列式发动机外观

（2）V 形发动机

V 形发动机就是将所有气缸分成两组，把相邻气缸以一定夹角布置在一起，使两组气缸形成有一个夹角的平面，从侧面看气缸呈 V 字形的发动机。V 形发动机的高度和长度尺寸小，在汽车上布置起来比较方便。它便于通过扩大气缸直径来提高排量和功率并且适合于较高的气缸数。目前，国产的中高档车型中，不少采用 V 形六缸发动机，比如君威、帕萨特及奥迪 A6 等。V 形发动机外观如图 1-3-6 所示。

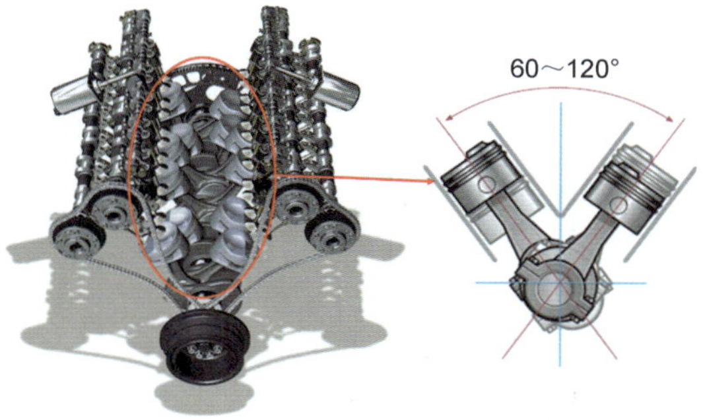

图 1-3-6　V 形发动机外观

（3）VR 形发动机

为了满足在中低档车辆上横向安装大功率发动机的需要，VR 形发动机诞生。两排气缸相互成 15° 角偏置布置在一个不太宽的发动机缸体上。此类发动机不同于早先的设计，只有一个气缸盖。VR 形发动机外观如图 1-3-7 所示。

图 1-3-7　VR 形发动机外观

（4）W 形发动机

W 形发动机是德国大众专属发动机技术。将 V 形发动机的每侧气缸再进行小角度错开（如帕萨特 W8 的小角度为 15° ），就成了 W 形发动机。W 形发动机的气缸排列形式是由两个小 V 形组成一个大 V 形。W 形发动机还应属 V 形发动机的变种。单个气缸组内气缸之间的夹角为 15° ，两个 VR 气缸组之间的夹角为 72° 。W 形发动机外观如图 1-3-8 所示。

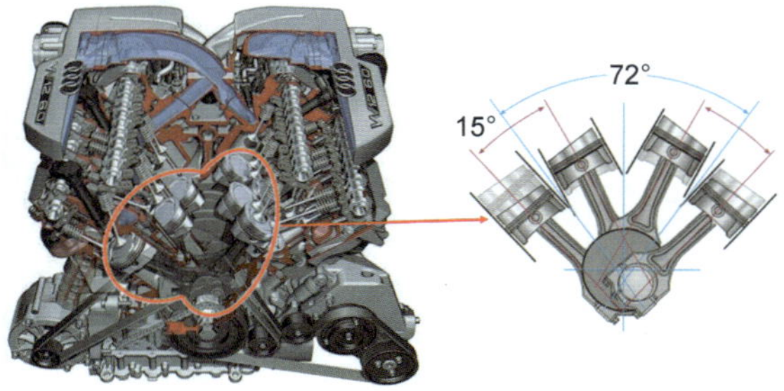

图 1-3-8　W 形发动机外观

（5）水平对置发动机

发动机活塞平均分布在曲轴两侧，在水平方向上左右运动。使发动机的整体高度降低、长度缩短、整车的重心降低，车辆行驶更加平稳，发动机安装在整车的中心线上，两侧活塞产生的力矩相互抵消，大大降低车辆在行驶中的振动，使发动机转速得到很大提升，减少噪声。水平对置式发动机构造如图 1-3-9 所示。

图 1-3-9　水平对置发动机构造

（6）全铝气缸发动机

全铝气缸发动机采用 12% 硅（Si）88% 铝的 AlSi 合金材料。采用了全铝合金的材质，减轻了车身重量的同时，还增强了发动机的散热效果，提高了发动机工作效率，而且寿命也更长。从节油的角度看，全铝发动机在节油方面的优势颇受人们关注。全铝发动机外观如图 1-3-10 所示。

（7）镁铝合金发动机

气缸工作表面不能使用镁金属，因此曲轴箱采用复合式结构。曲轴箱由一个硅铝合金嵌入件组成，该嵌入件与一种镁合金浇铸为一体。将镁金属材料用于油底壳和气门室盖罩等部件。镁铝合金发动机外观如图 1-3-11 所示。

图 1-3-10　全铝发动机外观

图 1-3-11　镁铝合金发动机外观

③ 发动机的常用术语

（1）上止点

活塞在气缸内做往复直线运动时向上运动到的最高位置，称为上止点，如图 1-3-12 所示。

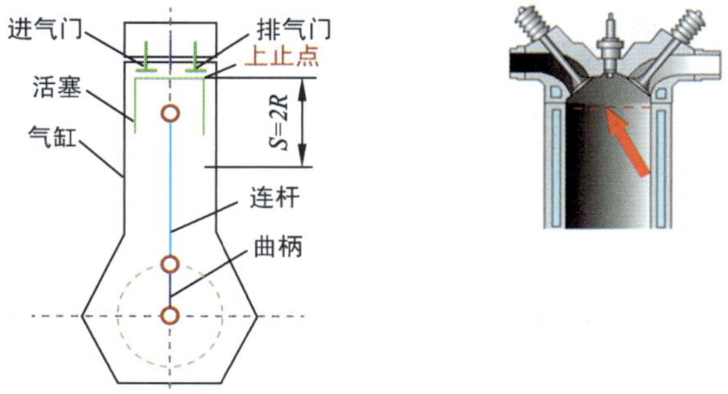

图 1-3-12　上止点

（2）下止点

活塞在气缸内做往复直线运动时向下运动到的最低位置，称为下止点，如图 1-3-13 所示。

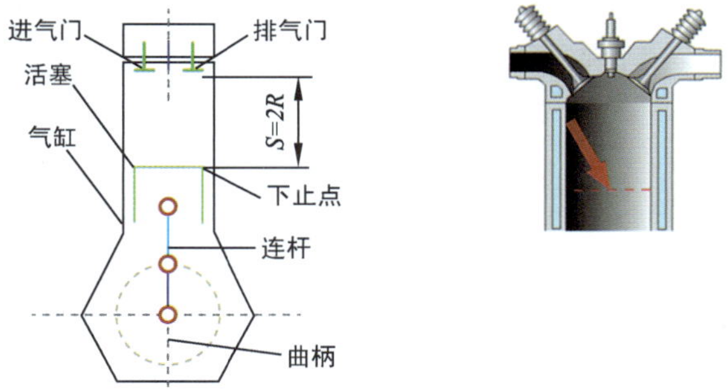

图 1-3-13　下止点

（3）活塞行程

活塞在两个止点间移动的距离，即上下止点间的距离，称为活塞行程，如图 1-3-14 所示。

（4）燃烧室容积

活塞处于上止点时，其顶部与气缸盖之间的容积，称为燃烧室容积，如图 1-3-15 所示。

（5）气缸总容积

活塞处于下止点时，其顶部与气缸盖之间的容积，称为气缸总容积，如图 1-3-16 所示。

（6）气缸工作容积

气缸总容积与燃烧室容积之差，即活塞在上下止点间运动所扫过的容积。气缸工作容积，如图 1-3-17。

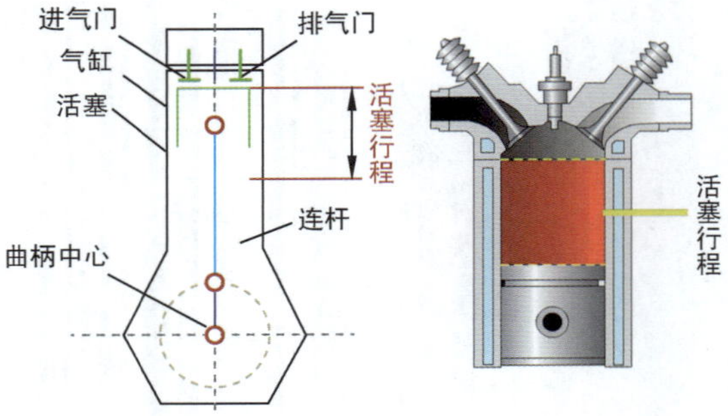

图 1-3-14 活塞行程

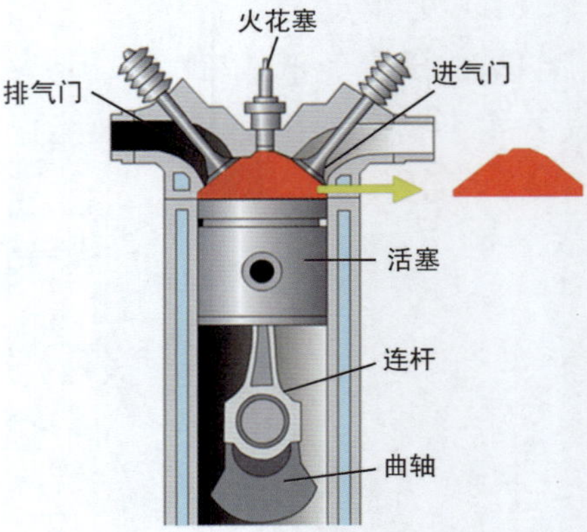

图 1-3-15 燃烧室容积

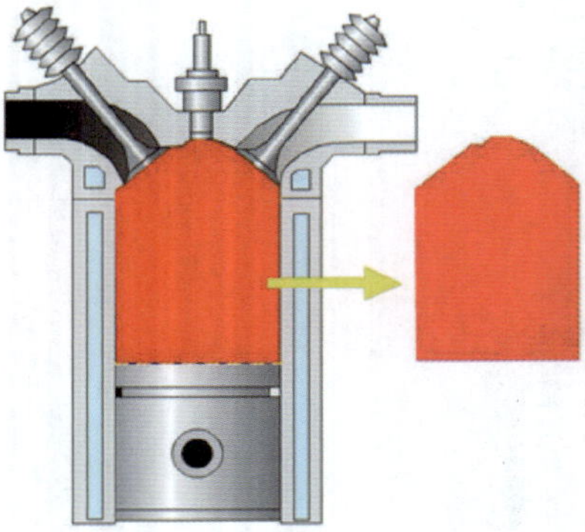

图 1-3-16 气缸总容积

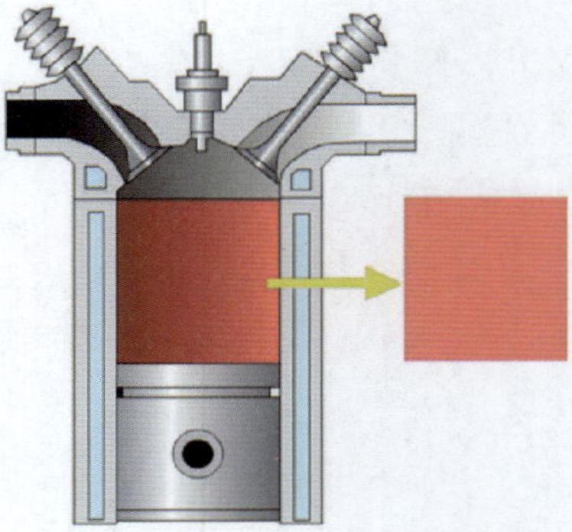

图 1-3-17 气缸工作容积

（7）发动机排量

多缸发动机各缸工作容积的总和，为发动机排量，如图 1-3-18 所示。

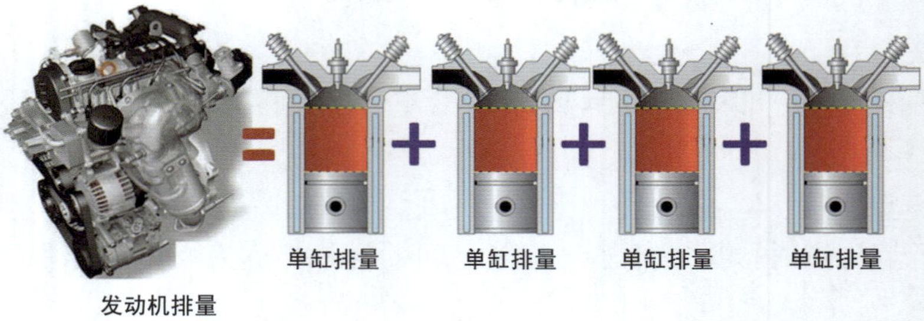

图 1-3-18 发动机排量

（8）压缩比

压缩比是气体压缩前容积与压缩后容积的比值，即气缸总容积与燃烧室容积之比，表示气体的压缩程度，如图 1-3-19 所示。

（9）压缩室

压缩室指的是活塞到达上止点位置时活塞以上的空间，此时燃烧室的容积最小。压缩室如图 1-3-20 所示。

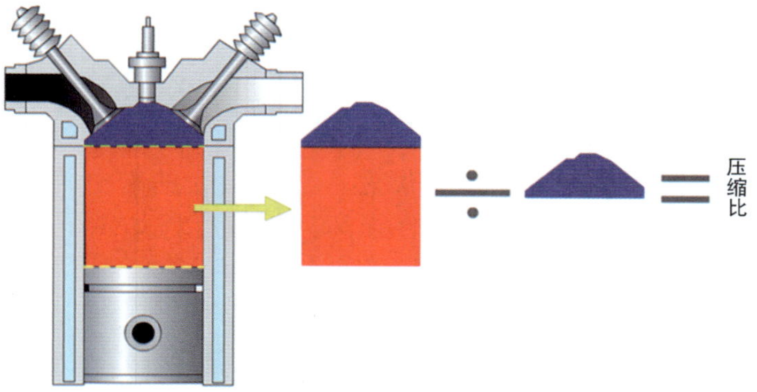

图 1-3-19　压缩比示意图

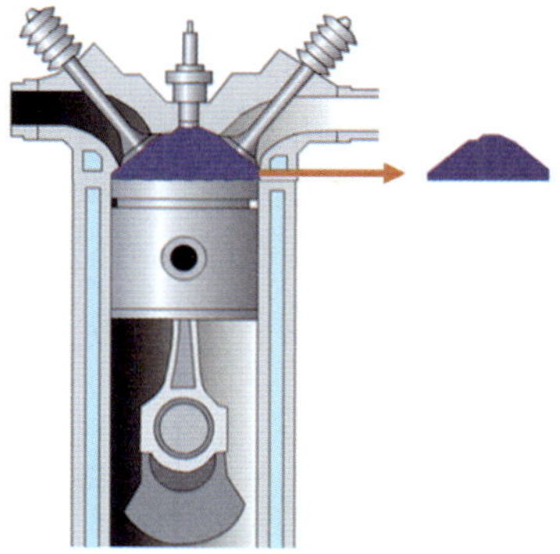

图 1-3-20　压缩室

4 四冲程发动机的工作原理

将可燃混合气（或纯空气）吸入气缸内，压缩并点燃在气缸内产生高温、高压的气体，推动活塞经连杆使曲轴旋转而做功，同时将燃烧后的废气排出气缸。完成一次进气、压缩、做功、排气的过程，称为一个工作循环。

每完成一个工作循环，曲轴转两圈为 720°，活塞上下往复运动 4 次，称为四冲程发动机。四冲程汽油发动机的工作示意图如图 1-3-21 所示。

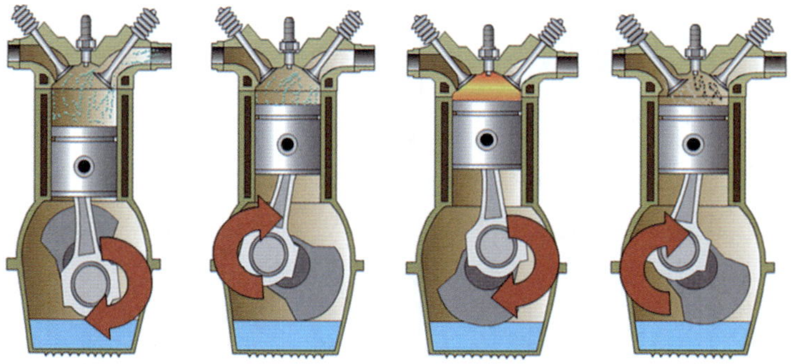

图 1-3-21　四冲程汽油发动机的工作示意图

（1）进气行程

随着曲轴的旋转，活塞从上止点向下止点运动。此时，排气门关闭，进气门打开，可燃混合气或纯净空气进入气缸。该过程中，由于受空气滤清器、进气管、气门等处阻力的影响，进气终了时，气缸内气体压力略低于大气压力，同时受残余废气和高温机件加热的影响，气体温度上升。进气量的多少对发动机的工况有较大影响。近年来，人们不断采用各种新技术来提高发动机的充气效率。例如，废气涡轮增压技术、进气歧管可变技术、可变配气相位技术等。发动机进气行程如图 1-3-22 所示。

（2）压缩行程

曲轴继续旋转，进排气门关闭，活塞由下止点向上止点运动，气缸内气体受到压缩，压缩气体的温度、压力不断上升，当活塞到达上止点时压缩行程结束。压缩终了时刻的气体温度与压力的大小取决于压缩比的大小。压缩比越大，终了时刻气体的温度压力越高。但如果压缩比太高，容易引起爆燃，造成尖锐的敲缸声。同时会使发动机过热、功率下降、油耗增加，以及机件损坏。压缩行程如图 1-3-23 所示。

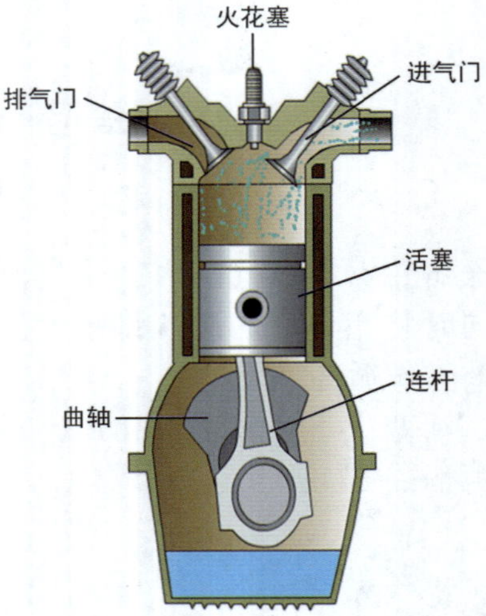

图 1-3-22 进气行程

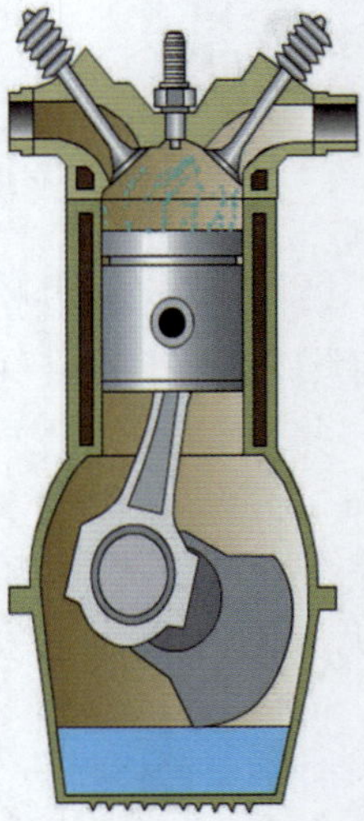
图 1-3-23 压缩行程

（3）燃烧和膨胀行程

燃烧和膨胀行程也称为做功行程。行程中进排气门仍然关闭，当活塞运行到上止点附近时，混合气被点燃或自燃。可燃混合气燃烧后放出大量的热使气缸内气体温度和压力急剧上升，高温高压气体膨胀，推动活塞从上止点向下止点运动，通过连杆使曲轴旋转并输出机械功。随活塞向下运动，气缸容积增加，气体温度和压力下降，当活塞运行到下止点时，做功行程结束。做功行程如图 1-3-24 所示。

（4）排气行程

可燃混合气在气缸内燃烧产生的废气必须从气缸内排出以便进行下一个工作循环。当做功接近终了时刻，排气门打开，进气门仍然关闭，靠废气的压力先进行自由排气，活塞到达下止点再向上止点运动时，继续把废气强制排出到大气中。活塞越过上止点后，排气门关闭，排气行程结束。为排出更多的气体，排气门提前打开。由于燃烧室容积的存在，不可能将废气全部排出气缸。受排气阻力的影响，排气终了时，气体压力仍高于大气压力。排气行程如图 1-3-25 所示。

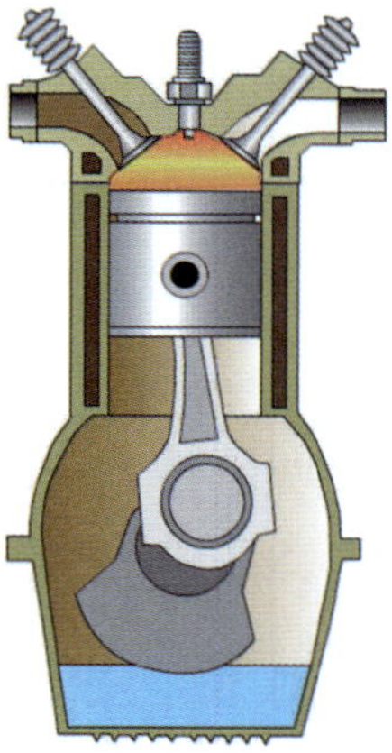

图 1-3-24　燃烧和膨胀行程

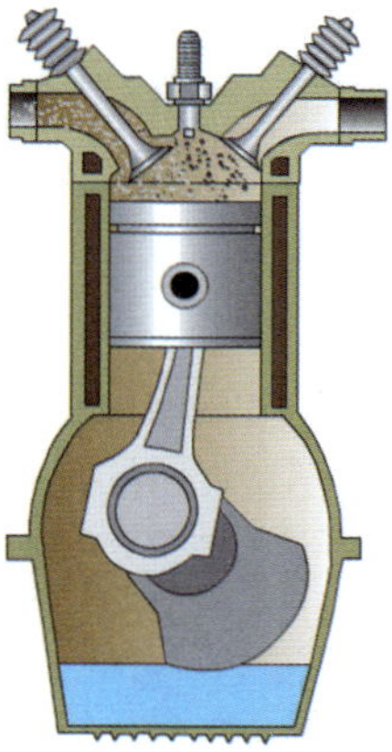

图 1-3-25　排气行程

⑤ 四冲程柴油发动机的工作原理

柴油机吸入气缸的为纯净空气，柴油由喷油泵和喷油器直接喷入气缸，压缩后在气缸内产生高温、高压燃烧的气体，推动活塞经连杆使曲轴旋转而做功，同时将燃烧后的废气排出气缸。完成一次进气、压缩、做功、排气的过程，称为一个工作循环。

（1）进气行程

进气行程（曲轴旋转至 180°）活塞自上止点向下止点移动，活塞上方气缸容积增大，形成一定真空，此时排气门关闭，进气门打开，纯净空气经进气歧管、进气门吸入气缸，曲轴旋转 180°。进气终了时气体压力为 0.0785 ～ 0.0932 MPa，气体温度为 300 ～ 370℃。进气行程如图 1-3-26 所示。

（2）压缩行程

压缩行程（曲轴旋转至 360°）活塞从下止点向上止点移动，进、排气门均关闭，曲轴旋转 180°。压缩终了时，气体压力为 3.5 ～ 4.5 MPa，气体温度为 750 ～ 1 000℃。压缩行程如图 1-3-27 所示。

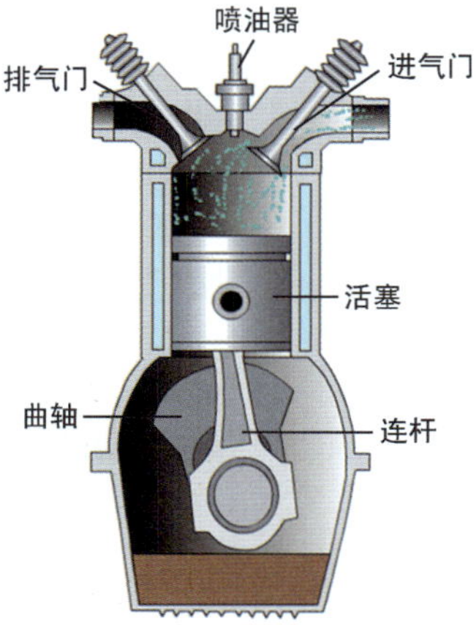

图 1-3-26　进气行程

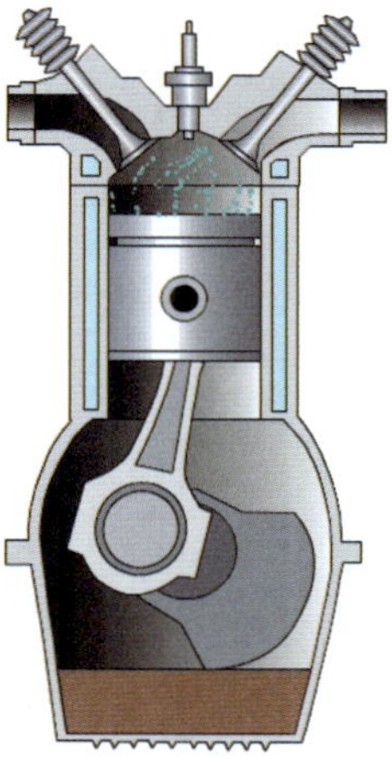

图 1-3-27　压缩行程

（3）做功行程

做功行程（曲轴旋转至 540° ）进、排气门仍关闭。当压缩行程接近终了时，可燃混合气自燃，使气缸内的压力和温度迅速增加，所能达到的最大压力为 3 ～ 5MPa，相应温度为 2 200 ～ 2 800 ℃。做功行程如图 1-3-28 所示。

（4）排气行程

排气行程（曲轴旋转至 720°），当做功接近终了时，排气门打开，大部分废气自行排出。活塞到达下止点后再向上止点移动，继续将废气强制排到大气中，排气终了时缸内压力稍大于大气压力（排气阻力存在），为 0.105 ～ 0.115 MPa，废气温度为 900 ～ 1 200℃。排气行程如图 1-3-29 所示。

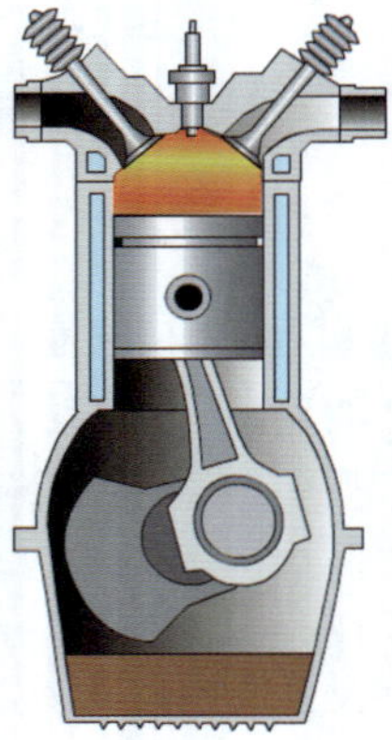

图 1-3-28　做功行程

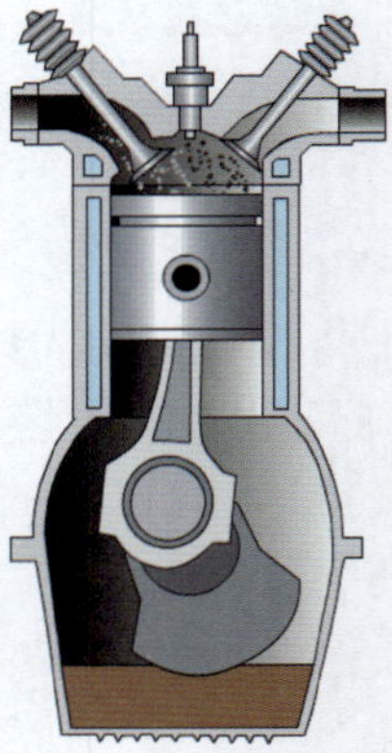

图 1-3-29　排气行程

⑥ 发动机的基本构造

发动机是将某一种型式的能量转换为机械能的机器，其作用是将液体或气体燃烧的化学能通过燃烧后转化为热能，再把热能通过膨胀转化为机械能并对外输出动力。发动机由五大系统两大机构组成，其基本结构如图 1-3-30 所示。

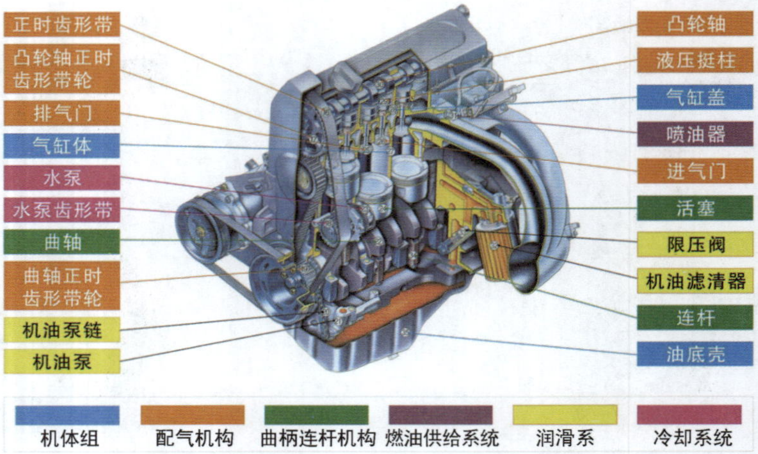

图 1-3-30　发动机基本结构

发动机是一部由许多结构和系统组成的复杂机器，其结构多种多样，但由于基本工作原理相同，汽油发动机基本结构也就大同小异，如图 1-3-31 所示。

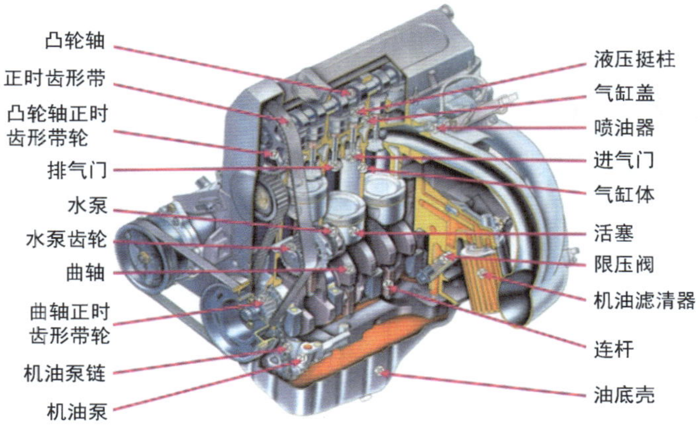

图 1-3-31　汽油发动机基本结构

（1）曲柄连杆机构

曲柄连杆机构是由机体、活塞连杆组和曲轴飞轮组三部分组成，其作用是将燃料燃烧所产生的热能，经过机构由活塞的直线往复运动转变为曲轴旋转运动而对外输出动力。机体还是发动机各个机构、各个系统和一些其他部件的安装基础，并且机体许多部分还是配气机构、燃料供给系统、润滑系统和冷却系统的组成部分。发动机机体组如图 1-3-32 所示。发动机曲柄连杆机构活塞连杆组如图 1-3-33 所示，发动机曲柄连杆机构的曲轴飞轮组如图 1-3-34 所示。

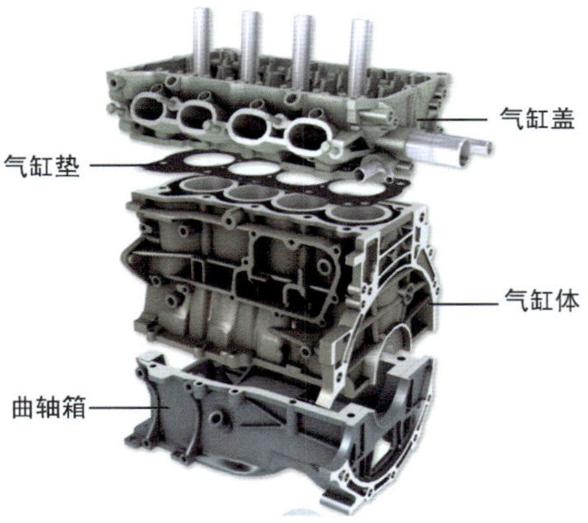

图 1-3-32　发动机机体组

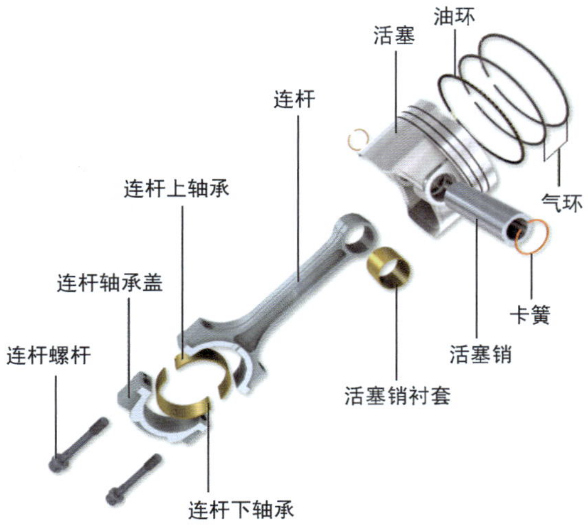

图 1-3-33　活塞连杆组

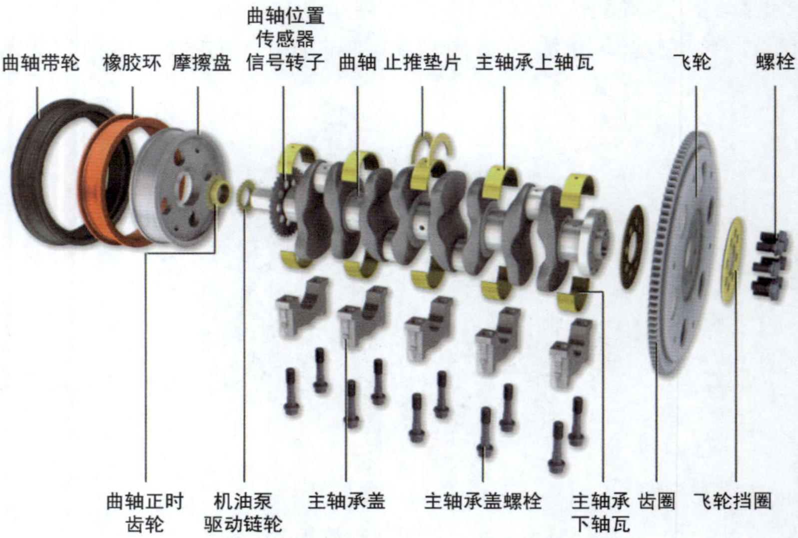

图 1-3-34　曲轴飞轮组

（2）配气机构

配气机构是由气门、活塞、凸轮轴齿轮、正时传动链、凸轮轴、曲轴齿轮和机油泵齿轮等组成。其作用是将新鲜气体及时充入气缸，并将燃烧产生的废气及时排出气缸。配气机构如图 1-3-35 所示。

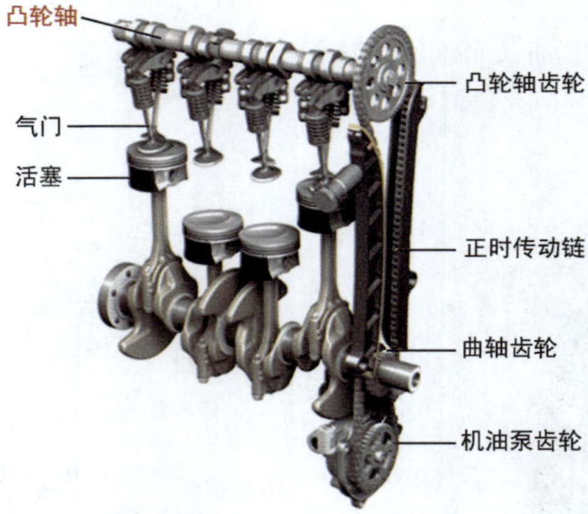

图 1-3-35　配气机构

（3）燃料供给系统

汽油机燃料供给系统和柴油机燃料供给系统由于供油系统和燃烧过程的不同，在结构上有很大区别。汽油机燃料供给系统又分化油器式和电控燃油喷射式两种，通常电控燃油喷射式供油系统主要由燃油箱、电动汽油泵、燃油滤清器、油压调节器、喷油器等组成，其功用是根据发动机控制计算机 ECU 发出的控制信号，在一定时刻将一定量的汽油喷入进气管。而进气系统主要由空气滤清器、空气流量计、进气温度传感器、节气门体等组成，其功能是根据发动机的工况提供适量的空气，并向 ECU 提供进气量信息，同时根据 ECU 的控制指令调节怠速进气量。最后，将燃烧后的废气排出气缸。汽油机燃料供给系统如图 1-3-36 所示。

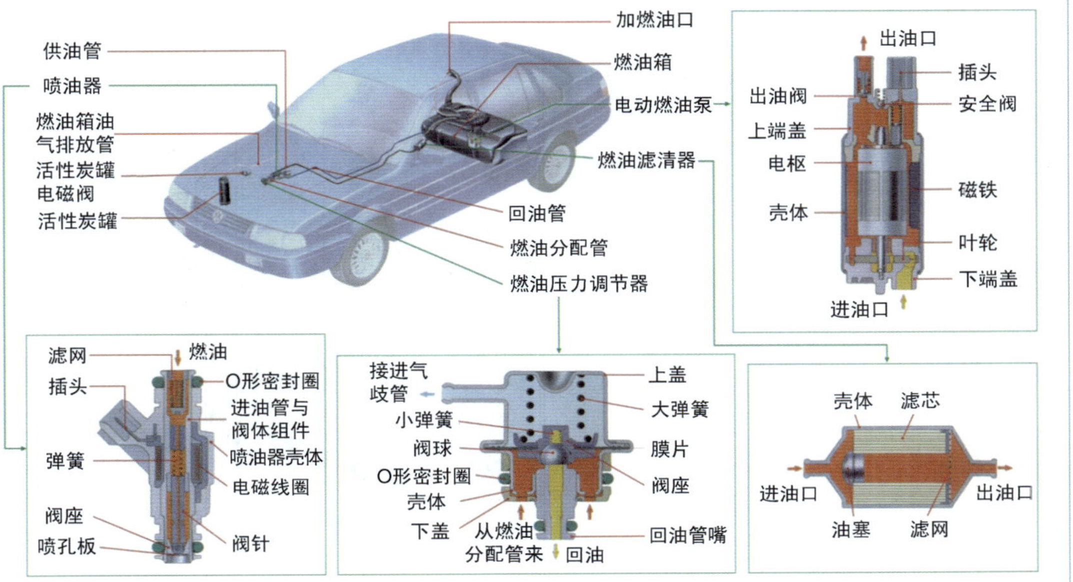

图 1-3-36　汽油机燃料供给系统

柴油机燃料供给系统由燃油箱、燃油滤清器、输油泵、喷油泵、输油泵和油水分离器等组成，其功用是向气缸内供给纯空气并在规定时刻向气缸内喷入定量柴油，以调节发动机输出功率和转速，最后，将燃烧后的废气排出气缸。柴油机燃料供给系统如图 1-3-37 所示。

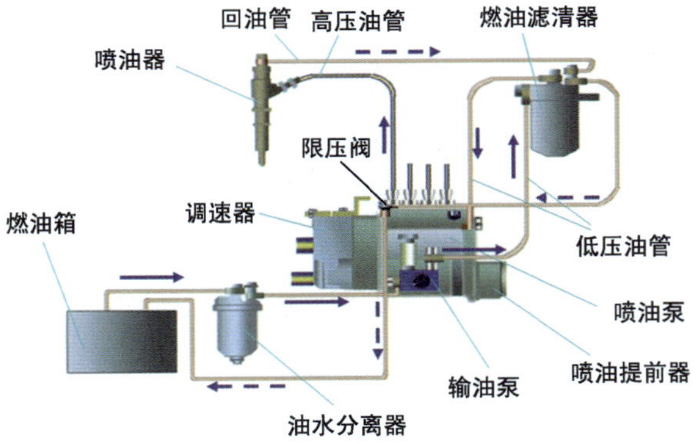

图 1-3-37　柴油机燃料供给系统

近年来，柴油机的电控高压共轨燃油喷射系统，使柴油机的燃油经济性和排放性能有很大改善，成为柴油机燃油系统技术发展的主流。

（4）冷却系统

汽车发动机采用两种冷却方式，即空气冷却和水冷却。一般汽车发动机多采用水冷式。水冷式由水泵、散热器、冷却风扇、散热器出水软管、节温器和机体内的水套等组成，其作用是利用冷却水冷却高温零件，并通过散热器将热量散发到大气中，从而保证发动机在正常温度状态工作。发动机冷却系统结构如图 1-3-38 所示。

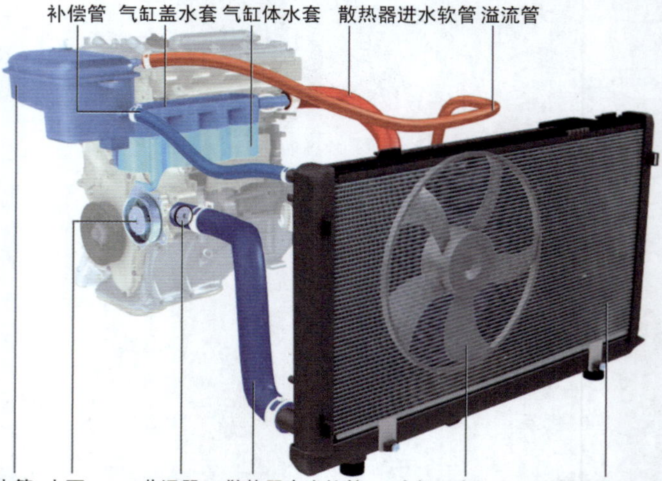

图 1-3-38　汽车发动机冷却系统

（5）润滑系统

汽车发动机润滑系统由机油泵、压力调节阀、油道、机油滤清器、油底壳等组成。其作用是将润滑油分送至各个摩擦零件的摩擦面，以减小摩擦力，减缓机件磨损，并清洗、冷却摩擦表面，从而延长发动机使用寿命。发动机润滑系统结构如图 1-3-39 所示。

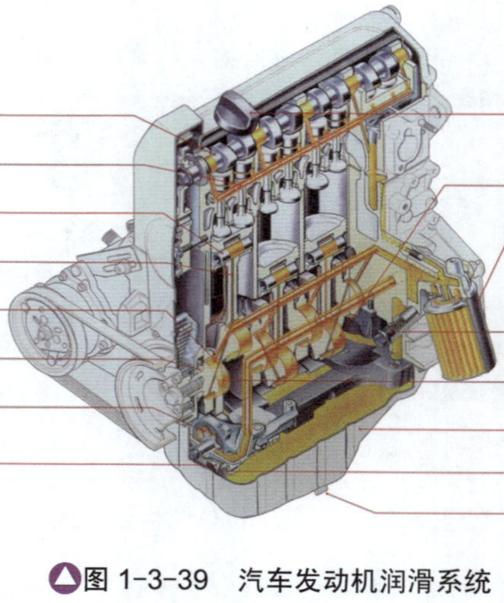

图 1-3-39　汽车发动机润滑系统

（6）起动系统

起动系统由起动机、点火开关和蓄电池等组成，其作用是带动飞轮旋转以获得必要的动能和起动转速，使静止的发动机起动并转入自行运转状态。汽车起动系统结构如图 1-3-40 所示。

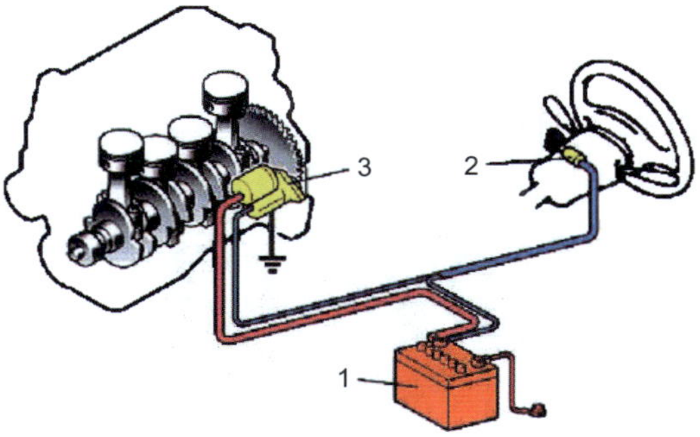

图 1-3-40　汽车发动机起动系统

1—蓄电池；2—点火开关；3—起动机

（7）点火系统

其作用是按一定时刻向气缸内提供电火花以点燃气缸内可燃混合气。

目前，传统点火系统基本被电子点火系统所代替，而在电控发动机中，则已被更先进的电控点火系统所代替。霍尔式电子点火系统如图 1-3-41 所示。汽车电子点火系统工作原理如图 1-3-42 所示。

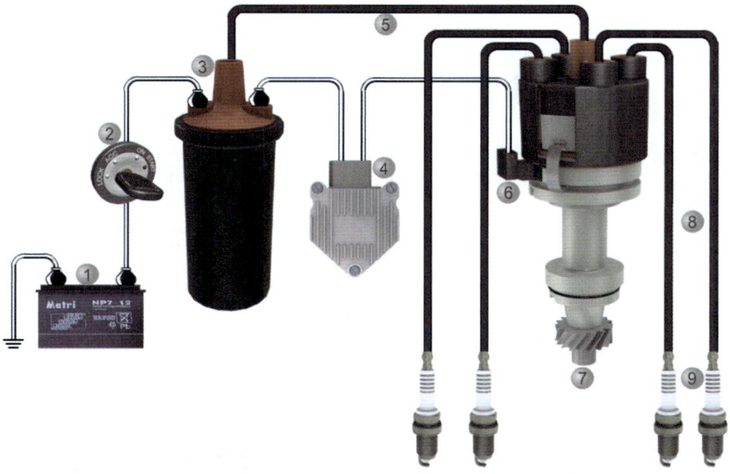

图 1-3-41　霍尔式电子点火系统组成

1—蓄电池；2—点火开关；3—点火线圈；4—点火模块；5—中央高压线；6—摩尔式信号发生器；7—分电器；8—分缸高压线；9—火花塞

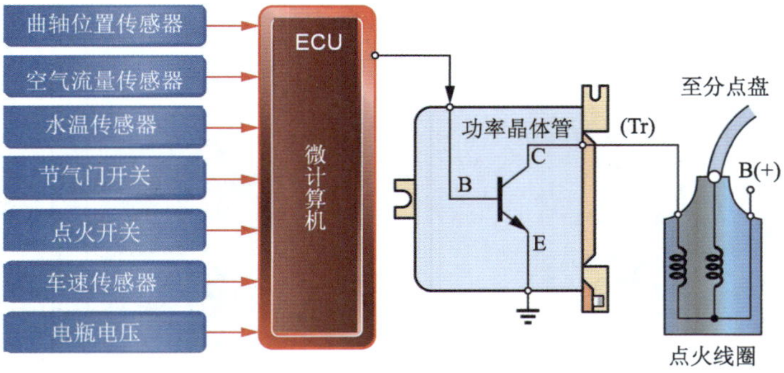

图 1-3-42　汽车电子点火系统工作原理

任务训练

1．写出下列汽车发动机部件名称及安装位置。

部件名称____________________
安装位置____________________

部件名称____________________
安装位置____________________

部件名称____________________
安装位置____________________

部件名称____________________
安装位置____________________

部件名称____________________
安装位置____________________

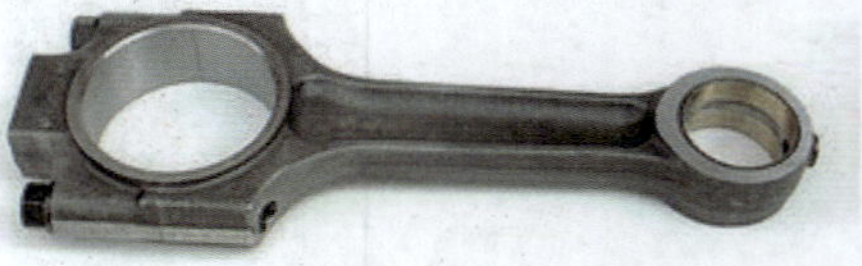

部件名称____________________
安装位置____________________

部件名称____________________
安装位置____________________

部件名称____________________
安装位置____________________

部件名称________________

安装位置________________

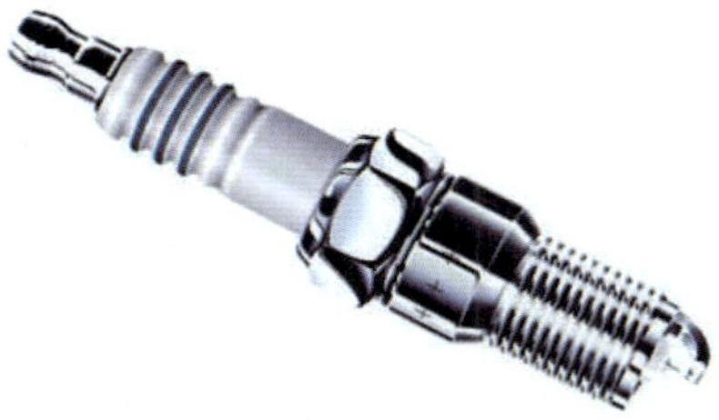

部件名称________________

安装位置________________

部件名称________________

安装位置________________

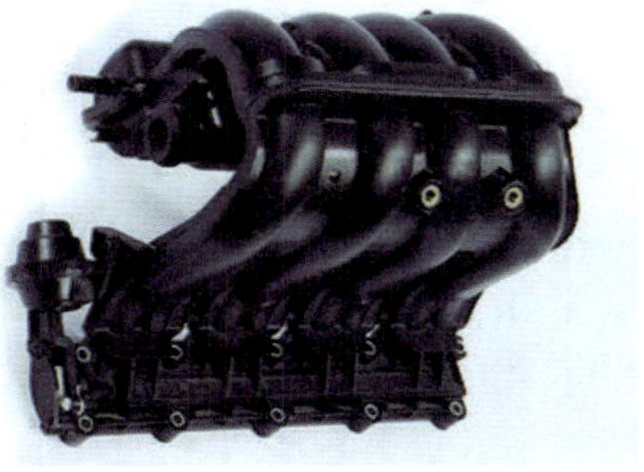

部件名称________________

安装位置________________

部件名称________________

安装位置________________

2. 写出汽车发动机的组成部件有哪些，并且说明发动机的工作原理。

笔记及心得：

任务四 汽车电气系统认知

自汽车问世以来，汽车的发展给人类的生活带来了巨大的变化，汽车技术取得了令人瞩目的成就。汽车电气系统是汽车的重要组成部分之一，其性能好坏直接影响汽车的动力性、经济性、可靠性、安全性、舒适性，以及排放等性能。汽车电气系统是现代汽车发展水平的一个重要标志，其科技含量已成为衡量现代汽车档次的重要指标之一。随着科技的发展，集成电路和微型计算机在汽车上的广泛应用，电器的数量在增加、功率在增大，产品的质量、性能在提高，结构更趋于完善。

任务目标

① 掌握汽车电气设备的组成。

② 熟悉汽车电气设备的工作原理。

③ 掌握汽车电气系统各部件的类型、结构特点。

知识准备

随着时代的发展、科技的进步，驾乘人员对车辆舒适性、安全性的要求越来越高，电气设备在汽车上得到越来越多的应用。汽车的种类和品牌繁多，各种汽车电气设备的数量不等，其安装位置、接线方法等也各有差异，但不论进口汽车还是国产汽车，其电气系统主要由电源、用电设备和中间装置组成。汽车电器分布与组成如图 1-4-1 所示。

图 1-4-1 汽车电器分布与组成

现代汽车电源部分主要由蓄电池、交流发电机、电压调节器等组成。

用电设备发展迅速，除起动系统、照明系统、仪表、辅助电器、空调、安全气囊等装置外，许多新的车身电气设备或电控装置在不断更新和产生，如汽车音响、汽车导航、ABS、EBD、ESP、TRC 等。

任何电气设备和电控装置要想获得电源供应，中间装置的连接必不可少。常见的连接装置有汽车线束、开关装置、保险装置、继电器、连接端子和连接器等，这些中间装置的选用和装配直接影响到用电设备的运行状况。

1 电源系统

汽车上有两大直流电源、蓄电池和发电机。蓄电池和发电机并联，当发动机运行、发电机正常发电时，由发电机向用电设备供电，同时向蓄电池充电；当发电机不发电或电压低时，由蓄电池向用电设备供电。具体地讲，汽车蓄电池的主要功用是在发动机起动时向起动机供电；当发电机电压高于蓄电池电压时，发电机对蓄电池充电，蓄电池将电能储存起来；同时，蓄电池可以吸收电路中的瞬时过电压，起到保护电路的作用。汽车电源系统如图 1-4-2 所示。

（1）蓄电池

铅酸蓄电池的基本结构是由正、负极板插入稀硫酸而构成的。一组正、负极板构成一个单格电池，标称电压为 2 V。汽车上常用 12 V 蓄电池，由 6 个单格电池通过串联而成，每个单格电池由间壁相互隔开。整个蓄电池由电解液、极板、隔板、外壳等组成。蓄电池的安装位置如图 1-4-3 所示。蓄电池的结构如图 1-4-4 所示。

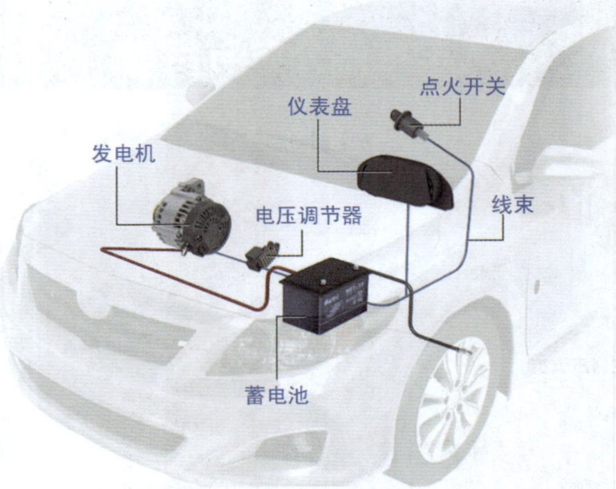

图 1-4-2　汽车电源系统

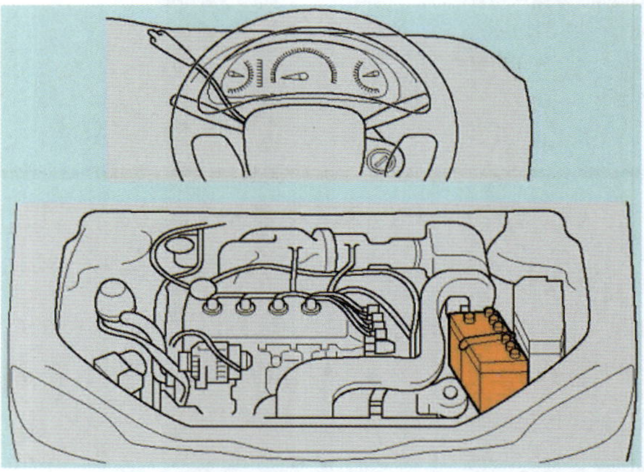

图 1-4-3　蓄电池安装位置图

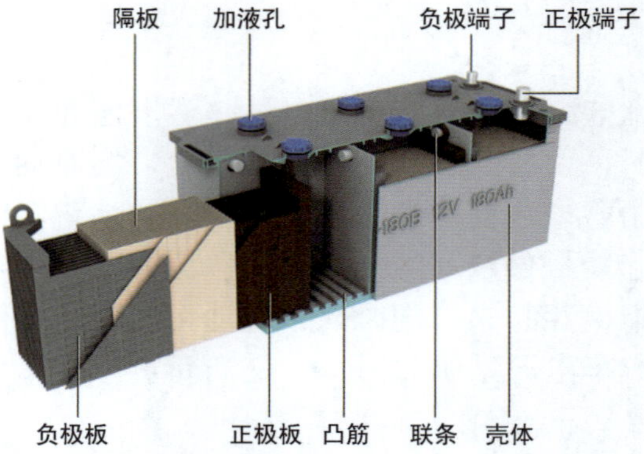

图 1-4-4　蓄电池的结构

（2）交流发电机

交流发电机是汽车的主要电源，在汽车上的位置如图 1-4-5 所示。交流发电机的主要任务是在发动机正常运转时向所有的用电设备（起动机除外）供电，同时向蓄电池充电。交流发电机必须配装电压调节器，电压调节器对发电机的输出电压进行控制，使其保持基本恒定，以满足汽车用电设备的需求。

图 1-4-5　交流发电机在汽车上的位置

目前，国内外生产的汽车交流发电机结构基本相同，主要由转子、定子、整流器、端盖、风扇与带轮等组成。图 1-4-6 所示为别克轿车交流发电机的分解图。

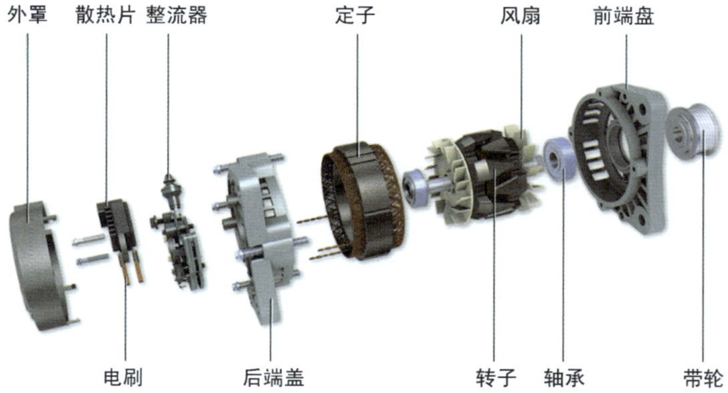

图 1-4-6　别克轿车交流发电机的分解图

（3）电压调节器

由于交流发电机的转子是由发动机通过皮带驱动旋转的，因此发电机的转速变化范围非常大，将引起发电机的输出电压发生较大变化，无法满足汽车用电设备的工作要求。为了满足用电设备恒定电压的要求，交流发电机必须配用电压调节器，使其输出电压在发动机所有工况下基本保持恒定。

汽车上使用的电压调节器有触点式电压调节器和电子式电压调节器等，如图 1-4-7 所示。触点式电压调节器通过内部触点接通与断开磁场电路，来改变磁场电流大小；电子式电压调节器通过利用大功率晶体管的导通或截止，接通或断开磁场电路，来改变磁场电流大小。

（a）触点式电压调节器

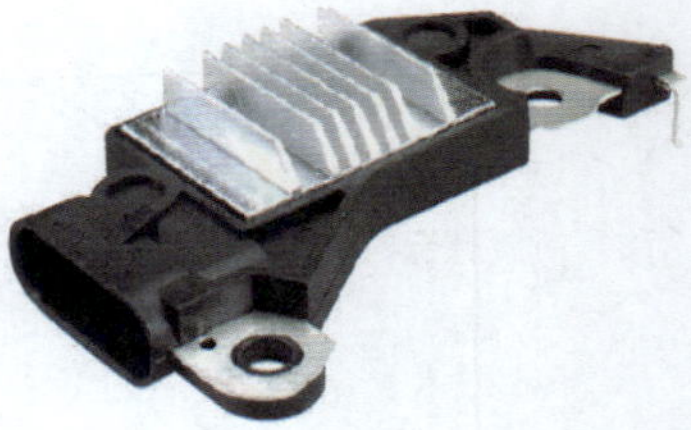

（b）电子式电压调节器

图 1-4-7　电压调节器

② 起动机

要使发动机由静止状态过渡到工作状态，必须用外力转动发动机的曲轴，使气缸内吸入（或形成）可燃混合气并燃烧膨胀，工作循环才能自动进行。曲轴在外力作用下开始转动到发动机开始自动地怠速运转的全过程，称为发动机的起动。

转动发动机曲轴使发动机起动的方法很多。汽车发动机常用的有电动机起动和手摇起动两种。电动机起动是用电动机作为机械动力，当将电动机轴上的齿轮与发动机飞轮周缘的齿圈啮合时，动力就传到飞轮和曲轴，使之旋转。电动机本身又用蓄电池作为能源。目前绝大多数汽车发动机都采用电动机起动。汽车起动系统组成如图 1-4-8 所示。

起动机的功用是：利用起动机将蓄电池的电能转换为机械能，再通过传动机构将发动机拖转起动。起动机的安装位置如图 1-4-9 所示。

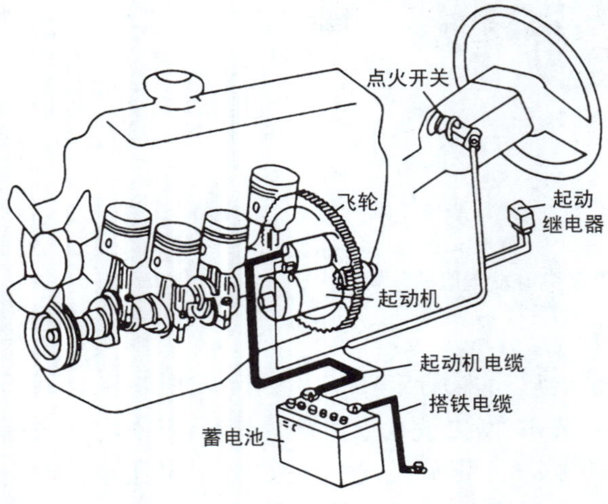

图 1-4-8　汽车起动系统组成

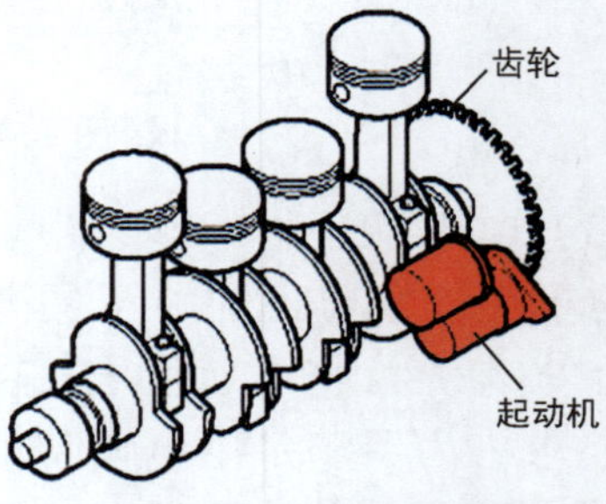

图 1-4-9　起动机的安装位置

（1）起动机的组成与结构

起动机一般由直流电动机、传动机构和电磁操纵机构三部分组成，如图 1-4-10 所示。

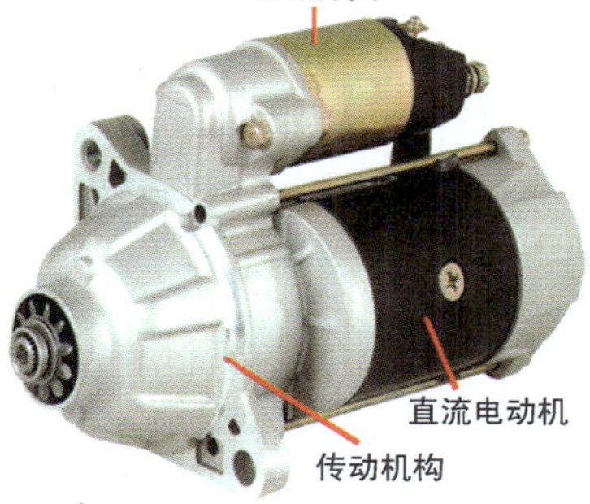

图 1-4-10　起动机的组成

① 直流电动机的构造：直流电动机由电枢绕组、换向器、磁场绕组、电刷架、前后端盖等组成，如图 1-4-11 所示。

② 起动机传动机构：实际上是一个单向离合器。单向离合器的作用是单方向传递转矩，即起动发动机时将起动机的转矩传给发动机曲轴，而当发动机起动后，它又能自动打滑，不使飞轮齿环带动起动机电枢旋转，以免损坏起动机。因为飞轮齿环与起动机驱动齿轮的传动比为 1:10 ～ 1:15，发动机发动后，如果不及时将起动机与发动机分离，则起动机的电枢就会被发动机曲轴带动，以 10 000~15 000 r/min 的转速高速旋转。导致电枢线圈从电枢槽中甩出，造成“飞散”事故，而使电枢损坏。起动机传动机构如图 1-4-12 所示。

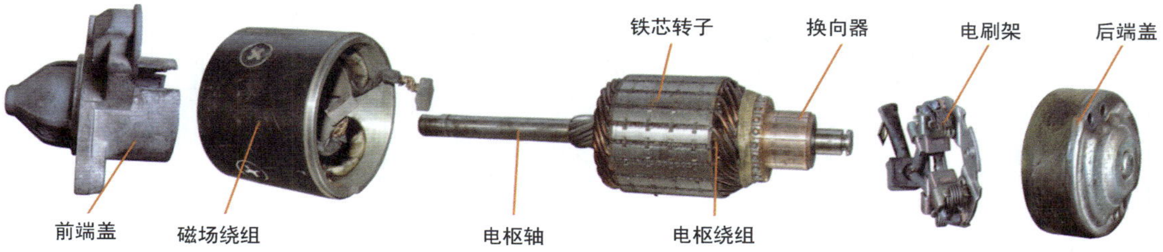

图 1-4-11　直流电动机的构造

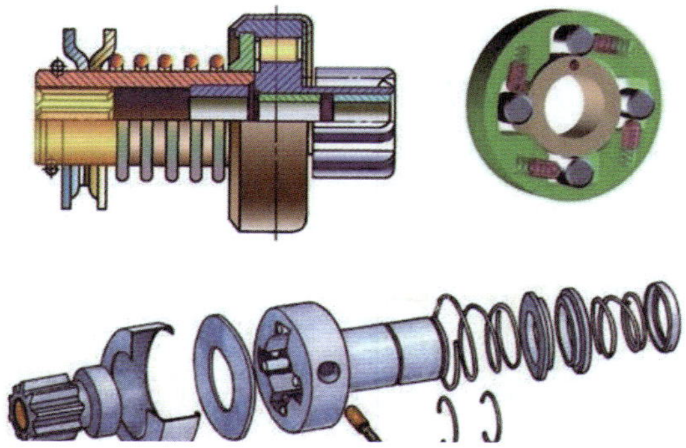

图 1-4-12　起动机传动机构

③ 电磁操纵机构：图 1-4-13 所示为起动机电磁操纵机构的工作原理图。其操纵机构主要由吸引线圈、保持线圈、驱动杠杆、起动开关接触片等组成。其中电磁开关结构如图 1-4-14 所示。

起动后，及时松开起动开关，起动机电路切断。与此同时，驱动杠杆也在弹簧的作用下回位，并使齿轮退出啮合。

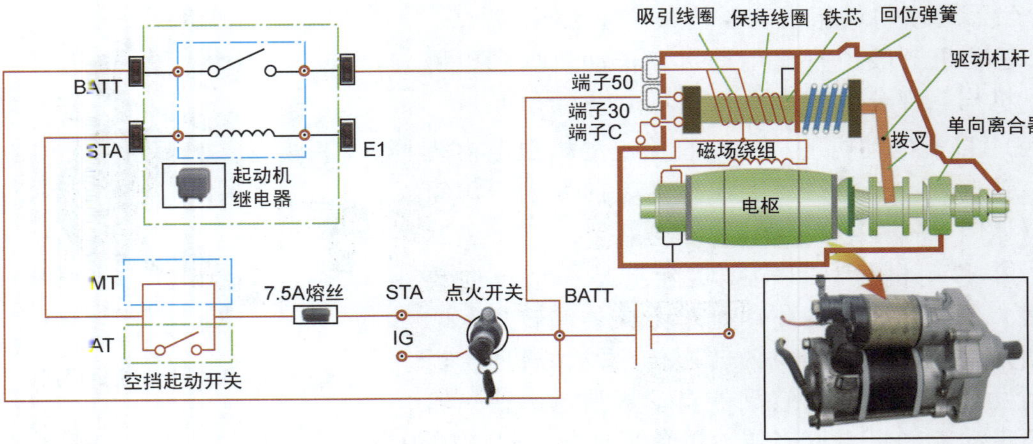

图 1-4-13　起动机电磁操纵机构的工作原理图

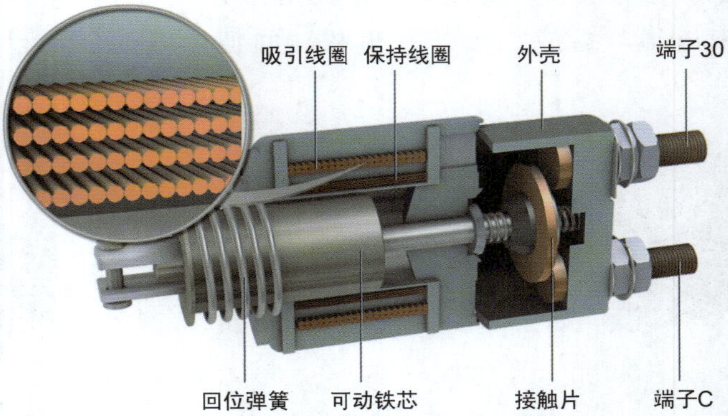

图 1-4-14　电磁开关结构

③ 汽车照明、信号系统及报警装置

汽车照明系统是为了保证汽车在光线不好的条件下提高车辆行驶的安全性、提高车辆运行速度而设置的。一般来说，汽车照明系统除了主要用于照明外，还用于汽车装饰，随着汽车电子技术应用程度的不断提高，照明系统正在向智能化方向发展。

（1）汽车照明灯

汽车灯光按照用途分有照明灯和信号灯两大类。照明灯又分为外照明灯和内照明灯，外照明灯指前照灯、雾灯、牌照灯；内照明灯指蓬顶灯、行李厢灯、仪表灯等。信号灯又称标识灯，它通过光颜色标志，显示汽车及其结构部分工作情况，并向其他车辆、行人传达信息，以提供驾驶人在行车过程中对车辆部分及仪表装置等进行工作监控。汽车上常用的信号灯有：示宽灯、转向灯、尾灯、停车灯、制动灯、倒车灯及仪表板上各种报警灯，如图 1-4-15 所示。

汽车前照灯的照明效果直接关系着夜间行车的安全，因此世界各国交通管理部门都以法律形式规定了汽车前照灯的照明标准，以确保行车安全，其要求如下：

前照灯应保证车前有明亮而均匀的照明，使驾驶人能够辨明车前 100 m（或更远）内道路上的任何障碍物，如图 1-4-16 所示。

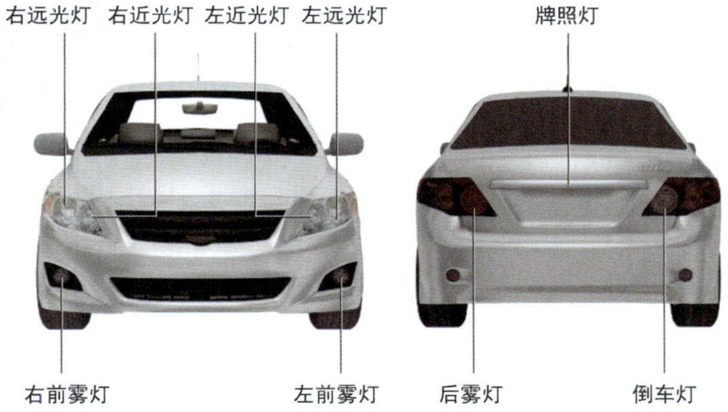

图 1-4-15　汽车常用信号灯

前照灯应具有防炫目的装置，以免夜间会车时，使对方驾驶人目眩而发生事故。

汽车前照灯一般由光源（灯泡）、反光镜、配光镜（散光镜）三部分组成。

图 1-4-16　汽车前照灯

（2）汽车信号灯

汽车上除照明灯外，还有用以指示其他车辆或行人的灯光信号标志，这些灯称为信号灯。

信号灯也分为外信号灯和内信号灯。外信号灯指转向指示灯、制动灯、示宽灯、倒车灯、停车灯；内信号灯泛指仪表板的指示灯，主要有转向、机油压力、充电、制动、关门提示等仪表指示灯。各种信号灯的特点及用途如表 1-4-1 所示。

表 1-4-1　信号灯的种类、特点及用途

种类	外信号灯					内信号灯	
	转向指示灯	示宽灯	停车灯	制动灯	倒车灯	仪表指示灯	其他指示灯
工作时的特点	琥珀色交替闪亮	白色或黄色常亮	白色或红色常亮	红色常亮	白色常亮	白色闪亮	白色常亮
用途	告知行人或其他车辆即将转弯	标志汽车宽度轮廓	表明汽车已经停驶	表示已经减速或即将停车	告知行人或其他车辆即将倒车	提示驾驶人车辆的行驶方向	提示驾驶人车辆的状况

（3）电喇叭

目前汽车上所装用的喇叭多为电喇叭，主要用于警告行人和其他车辆，以引起注意，保证行车安全，如图 1-4-17 所示。

喇叭按发音动力有气喇叭和电喇叭之分；按外形有螺旋形、筒形、盆形之分；按声频有高音和低音之分；按接线方式有单线制和双线制之分。

气喇叭是利用气流使金属膜片振动产生声响，外形一般为筒形，多用在具有空气制动装置的重型载重汽车上；电喇叭是利用电磁力使金属膜片振动产生声响，其声音悦耳，广泛使用于各种类型的汽车上。

图 1-4-17　汽车喇叭

在中小型汽车上，由于安装的位置限制，多采用螺旋形电喇叭。盆形电喇叭具有体积小、重量轻、指向好、噪声小等优点。

（4）汽车报警装置

为了指示汽车某系统的工作状况、引起车外行人及车辆或驾驶人的注意，保证行车安全，防止事故发生所设置的灯光或声音信号装置称为报警装置。一般分为对内（车辆驾驶人）和对外（行人及其他车辆）两类报警装置。

对内报警通常由报警灯和报警开关组成，当被监测的系统或总成不正常时，开关自动接通而使指示灯点亮，用以提醒驾驶人注意。例如，机油压力报警灯、车门未关好报警灯、制动液压不足指示灯、燃油不足报警灯、发动机故障指示灯、变速器故障指示灯、制动系统故障报警灯、防盗报警灯等。

对外报警装置通常有危险报警闪光装置、转向蜂鸣器、倒车报警蜂鸣器、汽车防撞报警、座椅安全带报警、前照灯未关及点火钥匙未拔报警系统等。一般都带有声音信号或同时有灯光信号。

报警灯通常安装在驾驶室内仪表板上，功率为 1 ～ 3 W。在灯泡前有滤光片，以使灯泡发黄光或发红光。滤光片上常刻有图形符号，以显示其功能，其含义如图 1-4-18 所示。

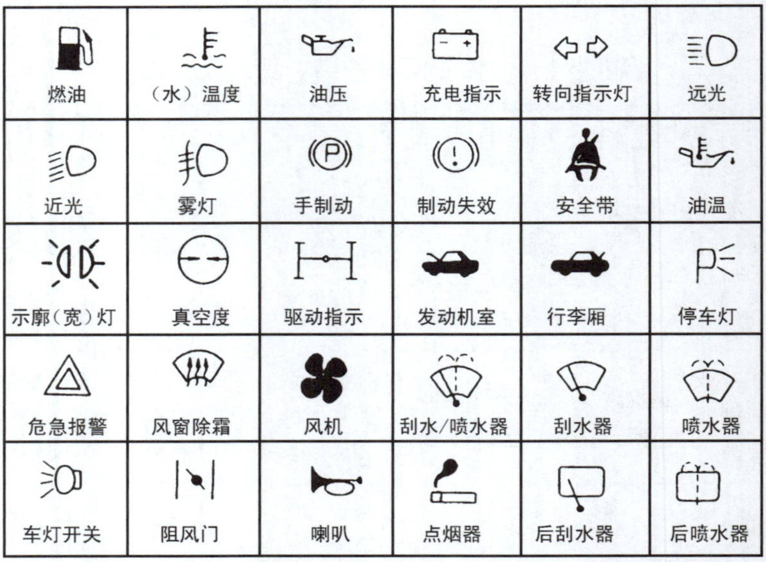

图 1-4-18　常见图形符号及其含义

④ 辅助电器

随着科技的发展，现代汽车上的电气设备越来越多，功能也越来越完善，不仅大大减轻了驾驶人的工作强度，同时也增加了驾驶及乘车的舒适性和安全性。本项目结合常见车型介绍现代汽车上广泛采用的典型的汽车辅助电器。

（1）电动座椅

电动座椅又称自动座椅，它可以通过控制电动机的正反方向旋转，来调节座椅的空间位置，改变驾驶人或其他乘员的坐姿，使其乘坐更舒适，并减少驾驶人及乘员长时间坐车的疲劳。电动座椅前后方向的调节量一般为100~160 mm，上下方向的调节量一般为30~50 mm，全程调节需8~10 s。电动座椅一般由座椅开关、双向电动机、传动和执行机构及控制装置等组成。

① 电动机：电动座椅的电动机大多数采用永磁式双向直流电动机，通过开关来操纵电动机按所需方向旋转。为防止电动机过载，电动机内一般都装有断路器。由于座椅的类型不同，一般一个座椅可装2个、3个、4个或6个电动机。图1-4-19所示为装有4个调节电动机的电动座椅调节示意图。

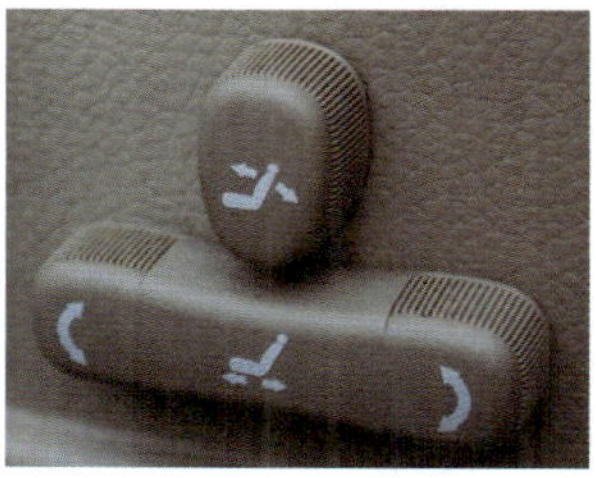

图 1-4-19　装有 4 个调节电动机的电动座椅调节示意图

② 传动和执行机构：它们的作用是把电动机的旋转运动转变成座椅的上下、前后移动或靠背的倾斜摆动。蜗轮蜗杆机构一般是其核心部件，因为它具有较大的传动比且自锁性能良好，故应用最为广泛。

（2）电动门窗

电动门窗也叫电动车窗或自动车窗，它可以使驾驶人更加集中精力驾车，方便驾驶人及乘客的操作，大多轿车选装了这种装置。驾驶人操作时，可以使4个车窗中的任意一个上升或下降，乘员只能使所在的车窗上升或下降。图1-4-20所示为轿车的电动天窗。

电动车窗主要由车窗升降器、电动机、继电器、开关等组成。车窗升降器主要有钢丝滚筒式升降器、齿扇式升降器及齿条式升降器等。

（3）电动后视镜

为了便于驾驶人调整后视镜的角度，很多轿车安装了电动后视镜，驾驶人在行车时便可方便地对左右后视镜的角度随时进行调节，操作起来十分方便。电动后视镜调节按钮如图1-4-21所示。

图 1-4-20　电动天窗

图 1-4-21　电动后视镜调节按钮

电动后视镜主要由调整开关、双电动机、传动和执行机构、外壳及连接件等组成。反射镜的背后装有两套电动机和驱动器，可操纵反射镜上下及左右转动。通常上下方向的转动用一个电动机控制，左右方向的转动用另一个电动机控制。通过改变电动机的电流方向，就可完成对后视镜的上下左右方向的调整。

为了使车辆能够获得最大的驻车间隙，通过尽可能狭小的路段，有的电动后视镜还带有伸缩功能，由伸缩开关控制伸缩电动机工作，使两个后视镜整体回转伸出或缩回。

（4）中央集控门锁

现代轿车多数都选装了中央集控门锁，它可使驾驶人更加方便安全地使用汽车。当驾驶人用锁扣或钥匙锁定左前门时，其他3个车门及行李厢门也同时被锁好，打开时可单独开左前车门，也可同时打开所有车门及行李厢门。中央集控门锁按钮如图1-4-22所示。

图 1-4-22　中央集控门锁按钮

中央集控门锁按结构形式的不同，一般有双向空气压力泵式和微型直流电动机式两种；按控制方式不同分为不带防盗系统的中控门锁和带防盗系统的中控门锁。下面以不带防盗系统的微型直流电动机式中控门锁为例进行讲解。直流电动机式中控门锁利用控制直流电动机的正反转来实现门锁的开、关动作。它主要由门锁开关、双向直流电动机、传动机构、执行机构及继电器和导线等组成。

任务训练

1. 写出下列汽车电气设备部件名称及安装位置。

部件名称________________

安装位置________________

部件名称________________

安装位置________________

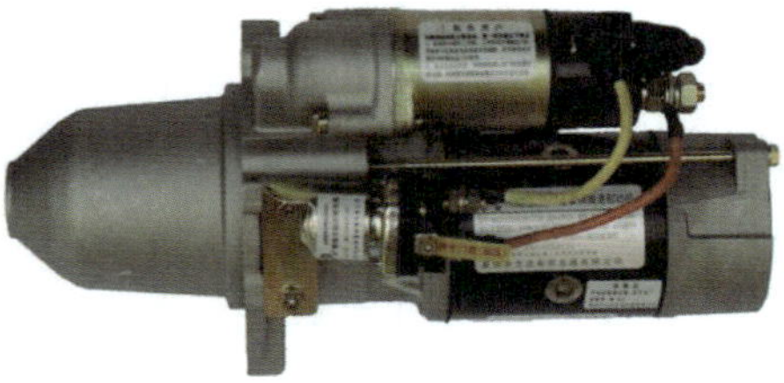

部件名称________________

安装位置________________

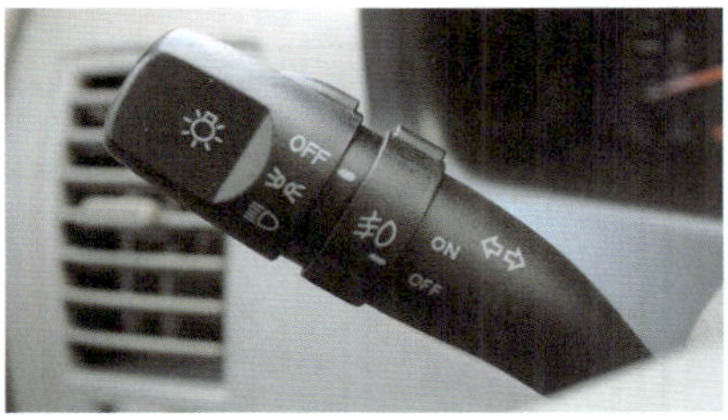

部件名称________________

安装位置________________

部件名称________________

安装位置________________

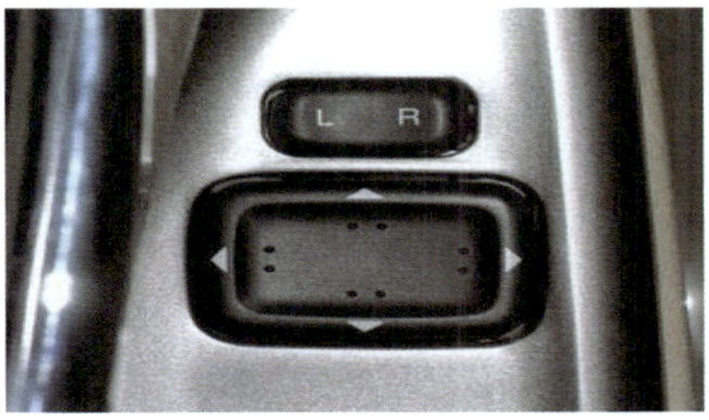

部件名称________________

安装位置________________

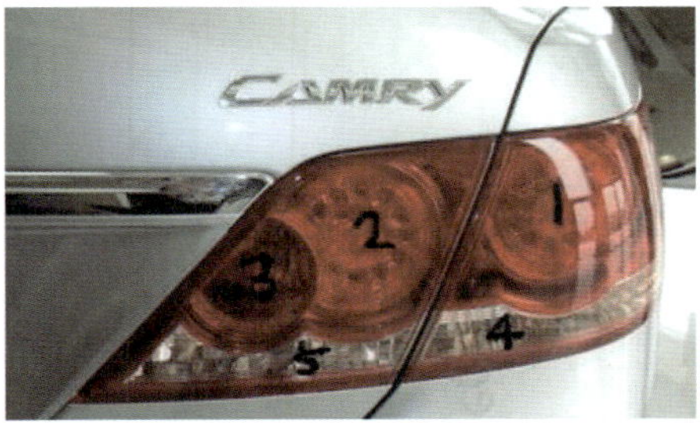

部件名称________________

安装位置________________

部件名称________________

安装位置________________

部件名称________________

安装位置________________

部件名称________________

安装位置________________

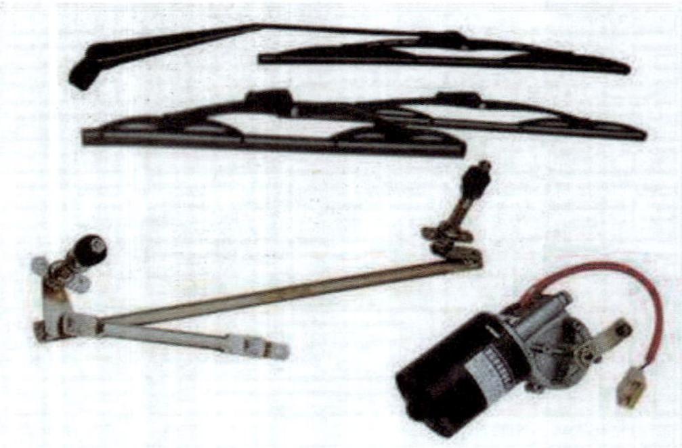

部件名称________________
安装位置________________

部件名称________________
安装位置________________

2. 写出汽车电气设备的组成部件，并写出组成部件的安装位置。

笔记及心得：

任务五 汽车车身认知

车身既是运送和保护乘员及行李的工具，也是汽车的主要承载部件，更是技术与艺术有机结合的艺术品。随着社会的发展，人们对物质生活的需求逐步增大，作为交通和运输工具的轿车，越来越受到重视。现在在各国汽车产品中，轿车的产量占 75% 以上。人们对轿车的多样化要求越来越强烈，而轿车的多样化主要体现在车身上。

应用空气动力学去设计车身，可有效地降低风阻、提升车速、节约油耗、减少噪声和增强行驶稳定性。当一辆汽车以 80 km/h 的速度行驶时，约有 60% 的阻力来自空气。而当速度攀升至 200 km/h 时，空气阻力几乎占所有行车阻力的 85%。由此可见，优良的车身设计是车辆克服空气阻力的关键因素。

任务目标

① 了解汽车车身的结构、作用。
② 掌握汽车车身的各类结构形式。
③ 了解车身使用的各种材料。

知识准备

车身既是驾驶人的工作场所，也是容纳乘客和货物的空间，更是轿车多样化的体现。随着电子技术和材料工艺的进步，使汽车的一些性能指标逐步达到了崭新的高度，从而提高了驾驶人的操纵方便性和乘客的乘坐舒适性。很多人在选择轿车时，首先考虑的已不是轿车的底盘和发动机的结构和性能，更重要的是车身样式和装备。汽车车身总成拆分平面图如图 1-5-1 所示。

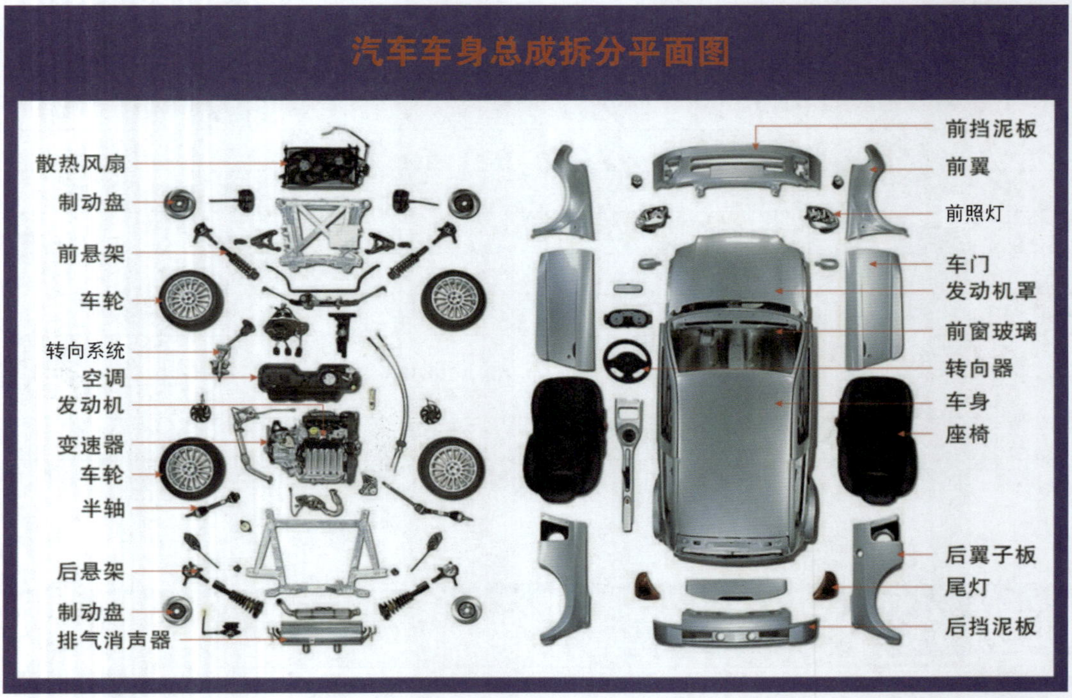

图 1-5-1　汽车车身总成拆分平面图

❶ 车身设计要求

① 能给驾驶人提供良好的操作条件，能给乘客提供舒适的乘坐条件，保护他们免受汽车行驶时的振动和噪声等干扰。

② 保证完好无损地运载货物和装卸方便。

③ 保证行车安全和减轻事故后果。

④ 保证汽车具有合理的外部形状，行驶时能有效引导周围气流，以减少空气阻力和燃油消耗。

⑤ 保证汽车行驶稳定性和改善发动机冷却条件，并使室内通风良好。

❷ 车身的分类

汽车车身结构从形式上说， 主要分为非承载式和承载式两种。

（1）非承载式

非承载式车身的汽车有刚性车架，又称底盘大梁架。车身本体悬置于车架上，用弹性元件连接。车架的振动通过弹性元件传到车身上，大部分振动被减弱或消除，发生碰撞时车架能吸收大部分冲击力，在坏路行驶时对车身起到保护作用，因此车厢变形小，平稳性和安全性好，而且厢内噪声低。但这种非承载式车身比较笨重，质量大，汽车质心高，高速行驶稳定性较差。 非承载式车身如图 1-5-2 所示。

（2）承载式

承载式车身的汽车没有刚性车架，只是加强了车头、侧围、车尾、底板等部位，车身和底架共同组成了车身本体的刚性空间结构。这种承载式车身除了其固有的乘载功能外，还要直接承受各种负荷。这种形式的车身具有较大的抗弯曲和抗扭转的刚度，质量小，高度低，汽车质心低，装配简单，高速行驶稳定性较好。但由于道路负载会通过悬架装置直接传给车身本体，因此噪声和振动较大。承载式车身如图 1-5-3 所示。

图 1-5-2　非承载式车身

图 1-5-3　承载式车身

③ 汽车车身的主要构成部件

（1）发动机盖

发动机盖（又称发动机罩）是最醒目的车身构件，是买车者经常要查看的部件之一。对发动机盖的设计要求是隔热隔音、自身重量轻、刚性强，如图 1-5-4 所示。

图 1-5-4　发动机盖

发动机盖一般由外板和内板组成，中间夹以隔热材料，内板起到增强刚性的作用，其几何形状由厂家选取，基本上是骨架形式。发动机盖开启时一般是向后翻转，也有小部分是向前翻转。

向后翻转的发动机盖打开至预定角度，不应与前风窗玻璃接触，应有一个约为 10 mm 的最小间距。为防止行驶时由于振动自行开启，发动机盖前端要有保险锁钩锁止装置，锁止装置开关设置在车厢仪表板下面，当车门锁住时发动机盖也应同时锁住。

（2）车顶盖

车顶盖是车厢顶部的盖板。如图 1-5-5 所示，对于轿车车身的总体刚度而言，顶盖不是很重要的部件，这也是允许在车顶盖上开设天窗的理由。从设计角度来讲，重要的是它如何与前、后窗框及与支柱交界点平顺过渡，以求得最好的视觉感和最小的空气阻力。当然，为了安全车顶盖还应有一定的强度和刚度，一般在顶盖下增加一定数量的加强梁，顶盖内层敷设绝热衬垫材料，以阻止外界温度的传导及减少振动时噪声的传递。

（3）行李厢盖

行李厢盖要求有良好的刚性，结构上基本与发动机盖相同，也有外板和内板，内板有加强筋。如图 1-5-6 所示，掀背式轿车，其行李厢向上延伸，包括后风窗玻璃在内，使开启面积增加，形成一个门，因此又称为背门，这样既保持一种三厢车形状又能够方便存放物品。

如果采用背门形式，背门内板侧要嵌装橡胶密封条，围绕一圈以防水防尘。行李厢盖开启的支撑件一般用钩形铰链及四连杆铰链，铰链装有平衡弹簧，使启闭箱盖省力，并可自动固定在打开位置，便于提取物品。

图 1-5-5　车顶盖

图 1-5-6　行李厢盖

（4）车身前翼子板

翼子板是遮盖车轮的车身外板，如图 1-5-7 所示。因旧式车身该部件形状及位置似鸟翼而得名。按照安装位置又分为前翼子板和后翼子板，前翼子板安装在前轮处，必须要保证前轮转动及跳动时的最大极限空间，因此设计者会根据选定的轮胎型号尺寸用“车轮跳动图”来验证翼子板的设计尺寸。

后翼子板无车轮转动碰擦的问题，但出于空气动力学的考虑，后翼子板略显拱形弧线向外凸出。现在有些轿车翼子板已与车身本体成为一个整体，一气呵成。但也有轿车的翼子板是独立的，尤其是前翼子板，因为前翼子板碰撞机会比较多，独立装配容易整件更换。有些车的前翼子板用有一定弹性的塑性材料（例如塑料）做成。塑性材料具有缓冲性，比较安全。

（5）前围板

前围板是指发动机舱与车厢之间的隔板，它和地板、前立柱连接，安装在前围上盖板之下，如图 1-5-8 所示。

前围板上有许多孔口，作为操纵用的拉线、拉杆、管路和电线束通过之用，还要配合踏板、方向机柱等机件安装位置。

为防止发动机舱里的废气、高温、噪声窜入车厢，前围板上要有密封措施和隔热装置。在发生意外事故时，它应具有足够的强度和刚度。对比车身其他部件而言，前围板装配最重要的工艺技术是密封和隔热，它的优劣往往反映了车辆运行的质量。

△图 1-5-7　翼子板

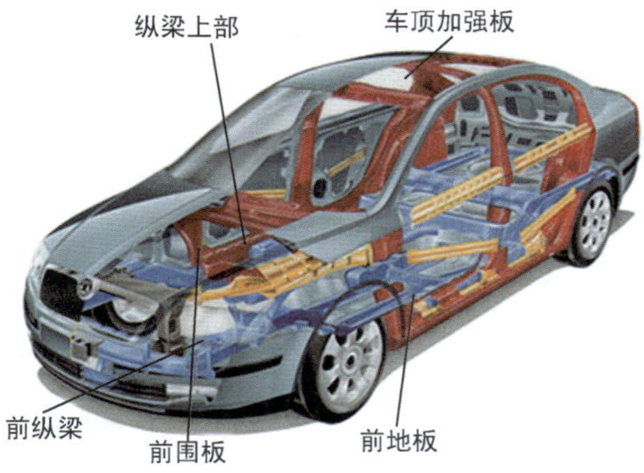

△图 1-5-8　前围板

（6）车门

车门是车身的一个独立的总成，是供乘员或货物进出的必要通道，因此它的使用频率很高。轿车在行驶过程中车门不得因任何原因，包括撞车事故等而自动打开；而当发生事故后，车门不得因扭曲变形而打不开，因此它是非常重要的部件。

车门总成设计包括钣金零件的设计、车门附件的结构设计等既涉及金属件，又涉及非金属件。由于车门所包括的附件较多，性能要求又高，因此它的成本在整个车身上所占的比例较大。车门如图 1-5-9 所示。

（7）车身附件

① 后视镜。汽车后视镜用于反映汽车后方、侧方和下方的情况，使驾驶人可以间接看清楚这些位置的情况，扩大视野范围。

汽车后视镜属于重要的安全件，它的镜面、外形和操纵都颇为讲究，其质量及安装都有相应的行业标准，如图 1-5-10 所示。

△图 1-5-9　车门

△图 1-5-10　后视镜

② 保险杠。保险杠是装在轿车前后端的防护装置，是被动安全系统的重要外部构件，应保证汽车在发生碰撞时最大限度吸收撞击能量。以保险杠自身可以恢复的变形和轻度的损坏，来避免或减轻车辆其他部件的损坏及乘员在第二次撞击中的伤害。

保险杠的形状和安装位置应与整车外形协调配合，并起着装饰的作用。

随着轿车向高速化发展，保险杠不仅有吸能和装饰作用，其形状和尺寸、安装位置等与车身造型的最佳配合，也是降低整车空气阻力的重要因素。因此，良好的保险杠设计也是节能措施之一。根据以上总结，保险杠的作用是安全作用、装饰作用、节能作用。保险杠如图 1-5-11 所示。

图 1-5-11　保险杠

任务训练

1. 写出下列汽车车身部件名称及安装位置。

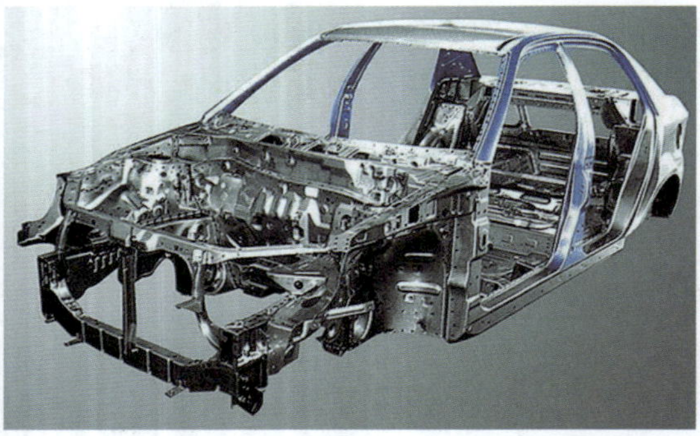

部件名称＿＿＿＿＿＿＿＿＿＿

安装位置＿＿＿＿＿＿＿＿＿＿

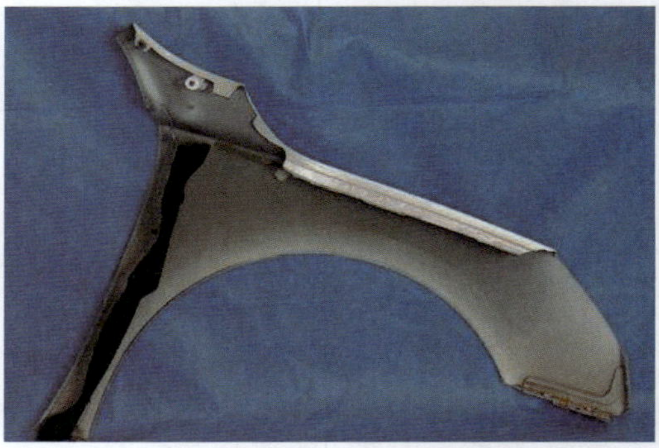

部件名称＿＿＿＿＿＿＿＿＿＿

安装位置＿＿＿＿＿＿＿＿＿＿

部件名称＿＿＿＿＿＿＿＿＿＿

安装位置＿＿＿＿＿＿＿＿＿＿

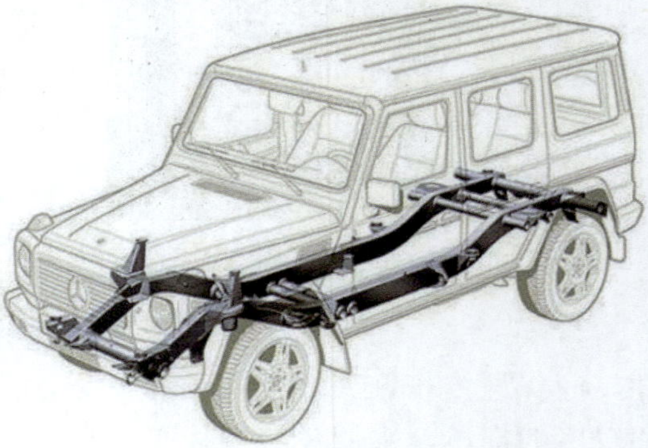

部件名称＿＿＿＿＿＿＿＿＿＿

安装位置＿＿＿＿＿＿＿＿＿＿

部件名称________________

安装位置________________

部件名称________________

安装位置________________

部件名称________________

安装位置________________

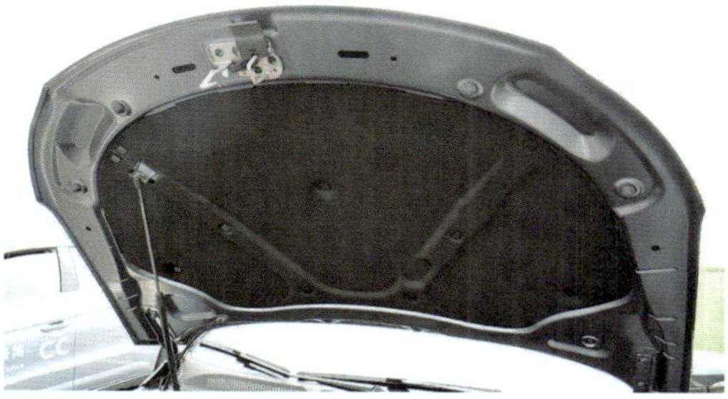

部件名称________________

安装位置________________

部件名称________________

安装位置________________

2. 写出汽车车身部件有哪些，各自的功用是什么。

笔记及心得：

项目二 汽车电控系统认知

Project 2

近年来，随着电子技术、计算机技术和信息技术的应用，汽车电子控制技术得到了迅猛的发展，尤其在控制精度、控制范围、智能化和网络化等多方面有了较大突破。汽车电子控制技术已成为衡量现代汽车发展水平的重要标志。在汽车电控系统认知项目中，主要包括以下任务：汽车电控发动机认知、汽车 ABS 系统认知、汽车空调系统认知，共 3 个任务。通过学习任务一的相关内容，能够熟悉汽车发动机电控系统主要组成部件与工作原理，对汽车燃油供给系统有初步认知。通过学习任务二的相关内容，能够熟悉汽车 ABS 系统的主要组成部件与工作原理，对 ABS 系统有初步认知。通过学习任务三的相关内容，能够熟悉汽车空调系统的主要组成部件与工作原理，对汽车空调系统有初步认知。

任务一 汽车电控发动机认知

电控系统是汽车的重要组成部分，其性能直接影响汽车的动力性、经济性、排放性、舒适性等。20 世纪 70 年代后，为了解决汽车的经济性和排放污染问题，电子技术在汽车上广泛应用。特别是大规模集成电路和微处理器的应用，使汽车对各工作过程的控制内容由传统的机械手段转变为电子控制手段，提高了控制精度，增加了控制内容。

任务目标

① 掌握汽车电子控制系统的组成及各部分作用。

② 了解 AJR 型发动机电子控制系统的各部件组成、安装位置和工作原理。

知识准备

1 电子控制燃油喷射系统

电子控制燃油喷射系统（EFI）简称燃油喷射。它是汽车汽油发动机取消化油器而采用的一种先进的喷油装置。使用 EFI，汽车发动机燃烧将更充分，从而提高功率，降低油耗，实现低公害排放的目的。电喷发动机系统组成如图 2-1-1 所示。

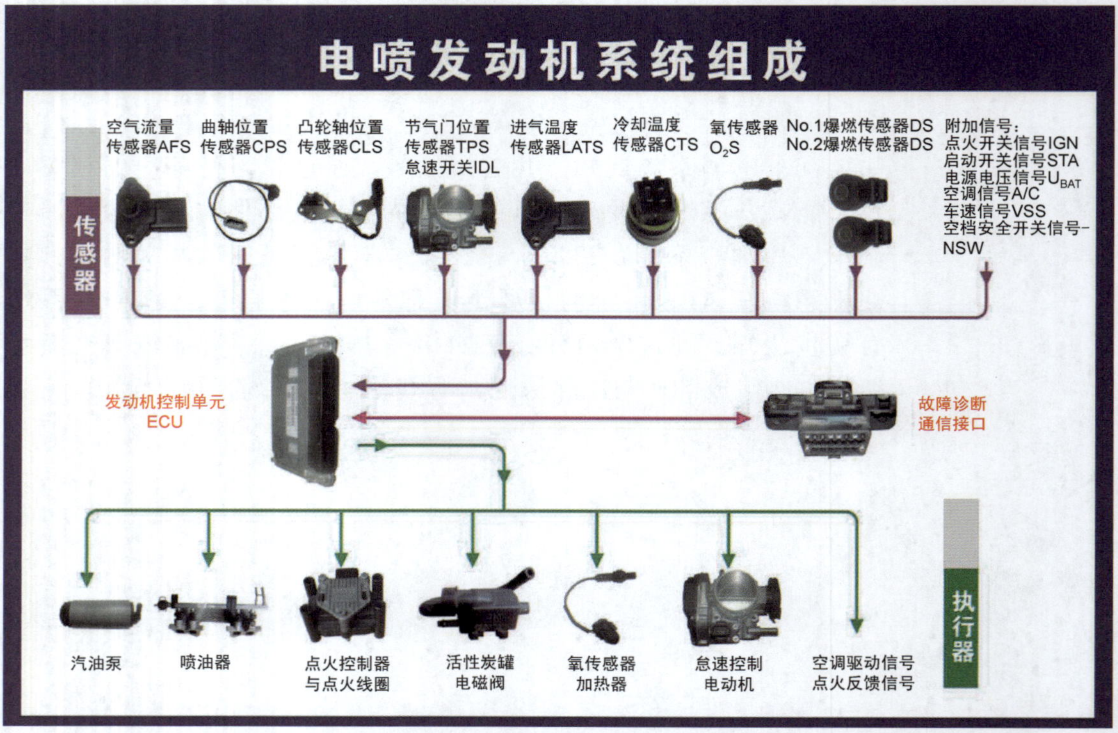

图 2-1-1 电喷发动机系统组成

电子控制燃油喷射系统由空气供给系统、汽油供给系统、控制系统组成。汽车发动机电子喷射控制系统的工作原理如图 2-1-2 所示，其组成部件在车上的布置如图 2-1-3 所示。

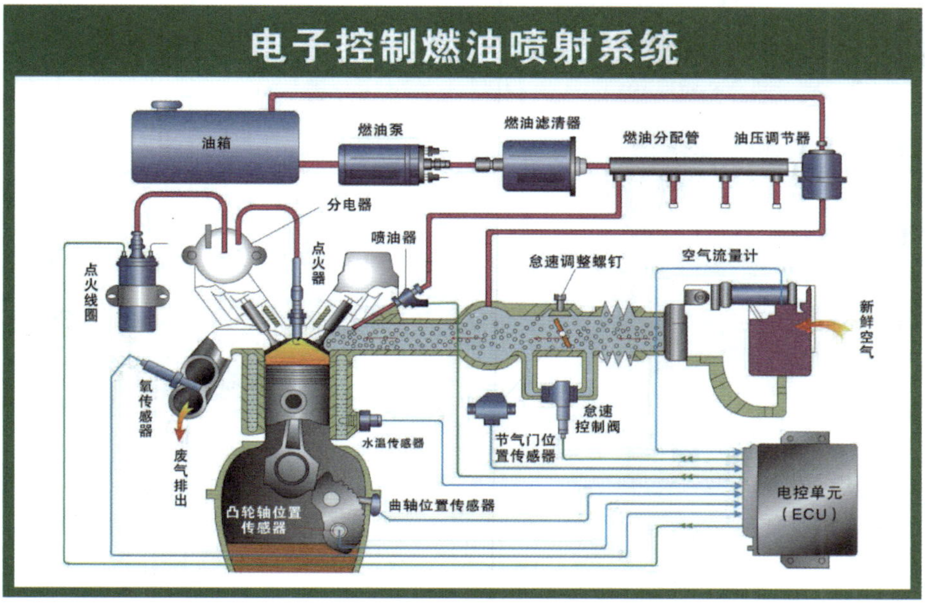

图 2-1-2　发动机电子喷射系统结构示意图

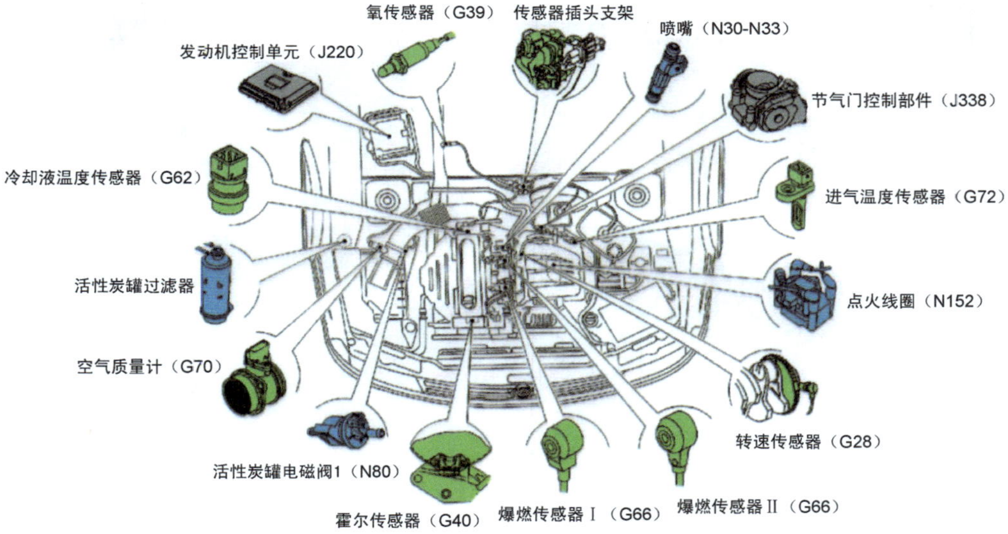

图 2-1-3　汽油喷射系统和点火系统位置布置图

❷ 各部件工作原理

（1）电动汽油泵

电动汽油泵外形如图 2-1-4 所示，内部结构如图 2-1-5 所示，它是由永磁电动机驱动的带滚柱的转子泵，主要由驱动油泵的直流电动机、滚柱式油泵、保持汽油输送管压力不致过高的限压阀和保持剩余压力的单向阀组成。电动汽油泵安装在汽油箱中，并不断受到汽油冲涤，使电动机充分冷却。汽油泵的供油量大于发动机的最大汽油需要量，以便所有发动机工况下都能保持汽油供给系统中的油压。

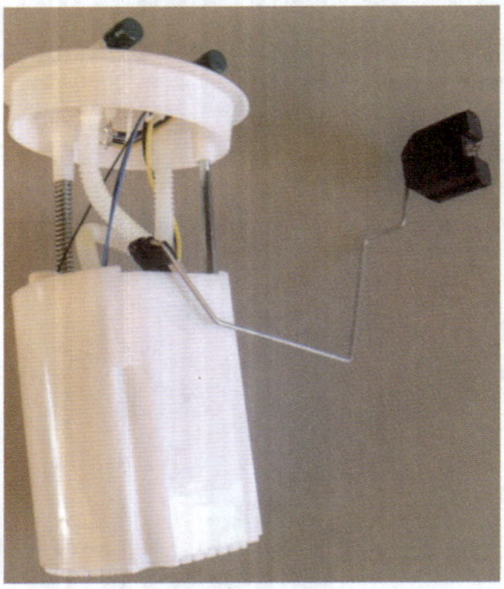

图 2-1-4　电动汽油泵外形图

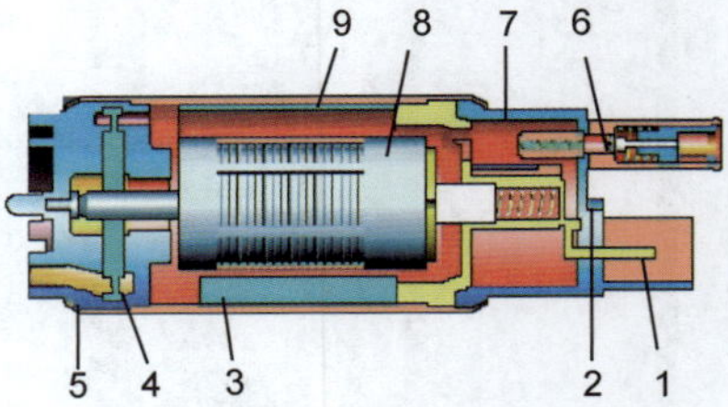

图 2-1-5　油泵内部结构

1—插头；2—安全阀；3—磁铁；4—叶轮；5—下端盖；6—出油阀；7—上端盖；8—电枢；9—壳体

（2）汽油箱及活性炭罐

桑塔纳 2000GLi 型轿车汽油箱内的汽油蒸气不是排入大气，而是引入进气管，为此在汽油箱与进气系统之间并联一个汽油蒸气回收装置，即活性炭罐，如图 2-1-6 所示。

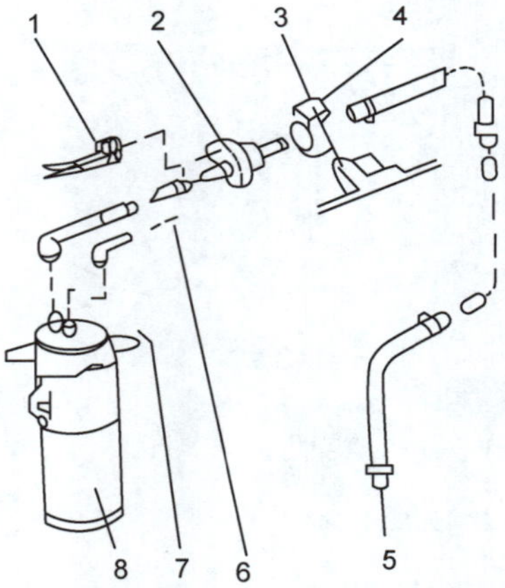

图 2-1-6　活性炭罐部分零件图

1—电源插头；2—活性炭罐电磁阀；3—支架；4—橡胶支架；5—通向发动机进气系统的管路；6—通气管（来自汽油箱的通气管）；7—螺栓（拧紧力矩 10 N·m）；8—活性炭罐（安装在右前车轮罩内）

活性炭罐内的活性炭粒是一种极好的汽油蒸气吸附剂，它有很大的表面积，有利于吸附汽油蒸气。罐内装有单向止回阀，以防汽油蒸气倒流。罐的底部有空气滤网，新鲜空气经滤网进入，从炭粒中带走汽油蒸气分子，防止混合气过浓现象。

当汽车停止运行时，在高温作用下，汽油箱内的汽油蒸发产生压力，使单向阀打开，汽油蒸气进入活性炭罐，炭粒吸附汽油蒸气并储存起来。发动机在热态工作时，活性炭罐电磁阀在 ECU 的控制下打开，通过新鲜空气带走汽油蒸气，经管路吸入进气管，从而回收了汽油蒸气，防止汽油浪费和减小大气污染

（3）燃油滤清器

电动汽油泵后面接了一个燃油滤清器，它位于中底板下面，包括一个网目宽为 10μm 的纸质滤芯及接在后面的纤维质滤网。一块支承板将滤清器固定在外壳中。滤清器外壳由金属制成，滤清器寿命取决于汽油的污染程度。汽油滤清器安装时，注意其上箭头表示汽油的流动方向。图 2-1-7 所示为 POLO 轿车的燃油滤清器。

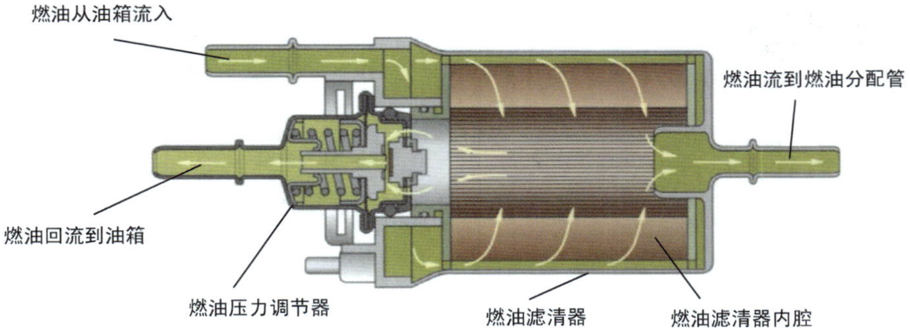

图 2-1-7　POLO 轿车的燃油滤清器

（4）汽油分配管

汽油分配管的任务是将汽油均匀地分配到所有喷油器中。汽油分配管具有储油功能，为了克服压力波动，其容积比发动机每个工作循环喷入的汽油量大得多，从而使接在分配管上的喷油器处于相同汽油压力之下。此外，汽油分配管使喷油器便于拆装，如图 2-1-8 所示。

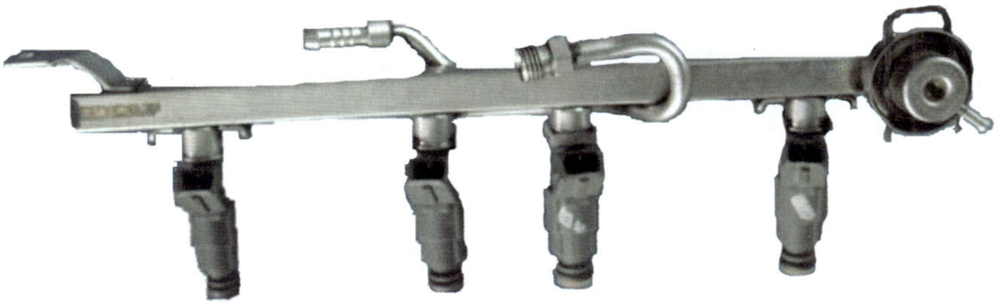

图 2-1-8　汽油分配管

（5）油压调节器

油压调节器的任务是保持汽油压力与进气管压力之间的压力差不变，从而使喷油器喷出的汽油量仅取决于阀的开启时间。油压调节器装在汽油分配管上，其外形

如图 2-1-9 所示，其内部结构如图 2-1-10 所示。这是一种膜片控制的溢流调节器，将汽油压力调节到约 0.24 MPa。它有一个金属外壳，一个卷进的膜片将此外壳分为两个腔室：一个是弹簧室，有一定预紧力的螺旋弹簧对膜片施加一个作用力；另一个腔室用于容纳汽油（汽油室），汽油室直接与供油总管相通。

图 2-1-9　油压调节器外形图

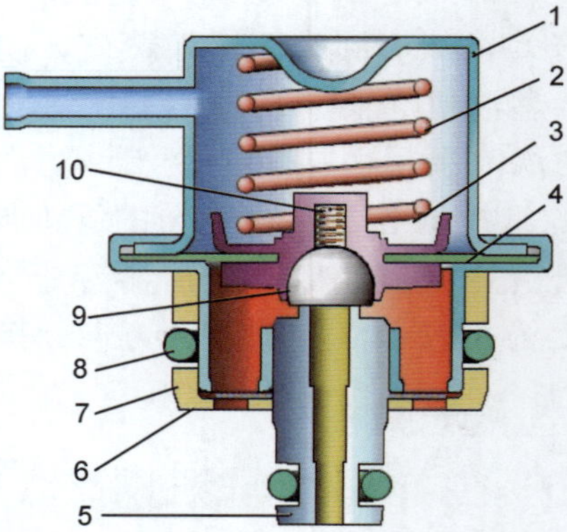

图 2-1-10　油压调节器内部结构图

1—上盖；2—大弹簧；3—阀座；4—膜片；5—回油嘴管；6—下盖；7—壳体；8—O 形密封圈；9—球阀；10—小弹簧

（6）喷油器

每个发动机气缸都配置一个电子控制的喷油器，喷油器装在进气门前的进气道中，其作用是将精确定量的汽油喷到发动机各个进气管末端的进气门前面。喷油器由喷油器壳体、滤网、电磁线圈、针阀、阀座、弹簧等组成，如图 2-1-11 所示。

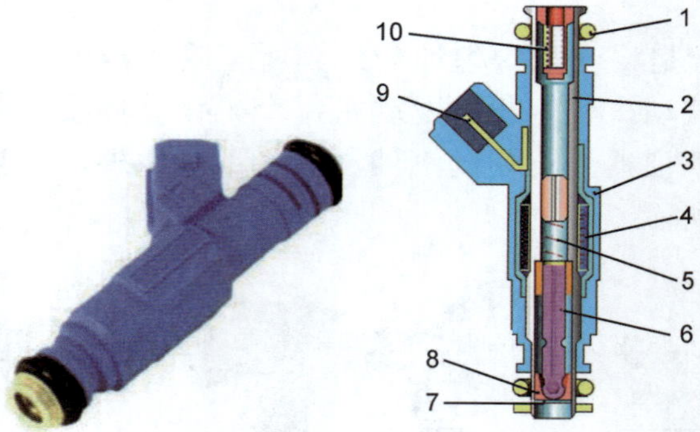

图 2-1-11　喷油器

1—O 形密封圈；2—进油管与阀体组件；3—喷油器壳体；4—电磁线阀；5—弹簧；6—针阀（带衔铁）；7—喷油孔；8—阀座；9—插头；10—滤网

喷油器为电磁式，由 ECU 的电脉冲控制其打开或关闭。各喷油器是并联的，当磁场绕组无电流时，喷油嘴针阀被螺旋弹簧压在喷油器出口处的密封锥座上。磁铁被激励时，针阀从其座面上升约 0.1 mm，汽油从精密环形间隙中流出，与空气一起被吸入气缸，并通过旋流作用在进气和压缩冲程中形成易于点燃的均匀空气汽油混合气。为使汽油充分雾化，针阀前端磨出一段喷油轴针。喷油器吸动及下降时间为1～1.5 ms。电子控制的喷油器将汽油喷到各进气歧管末端的气缸进气门前面。每次循环喷入的汽油量基本上决定于喷油器的开启持续时间，此时间由ECU根据发动机工况算出。喷油器用专门的支座安装，支座为橡胶成型件。其隔热作用可防止喷油器中的汽油产生气泡，有助于提高发动机的高温起动性能。另外，橡胶成型件可保护喷油器不受过高振动应力的作用。喷油器经带保险夹头的连接插座与汽油分配管连接。

（7）空气滤清器

空气滤清器为恒温式，如图2-1-12所示，它通过真空控制阀开启的大小，来控制进入空气滤清器热空气的多少，从而保持进入发动机的进气温度为某一恒定值。真空控制阀的开关由温控开关控制，当进气温度低时，温控开关打开，通向节气门体的真空使控制阀打开热空气道；当进气温度高时，温控开关关闭，截断通向节气门体的真空通道，温控开关关闭热空气道。

图2-1-12　空气滤清器

（8）节气门体

节气门体，如图2-1-13所示，节气门体内部结构如图2-1-14所示。位于空气滤清器和稳压器之间，与加速踏板联动，用以控制进气通路截面积的变化，从而实现发动机转速和负荷的控制。为检测节气门位置开度的大小，在节气门轴的一端（下端）装有节气门位置传感器，用来向ECU传递节气门的开度信号。节气门体上装有旁通道，当节气门关闭、发动机怠速运转时，汽油燃烧所需要的空气由怠速旁通阀进入发动机。为自动控制怠速转速，在怠速通道中设置了可以改变通道截面积的旋转滑阀式怠速调节器，如图2-1-14所示。

图2-1-13　节气门体的外形

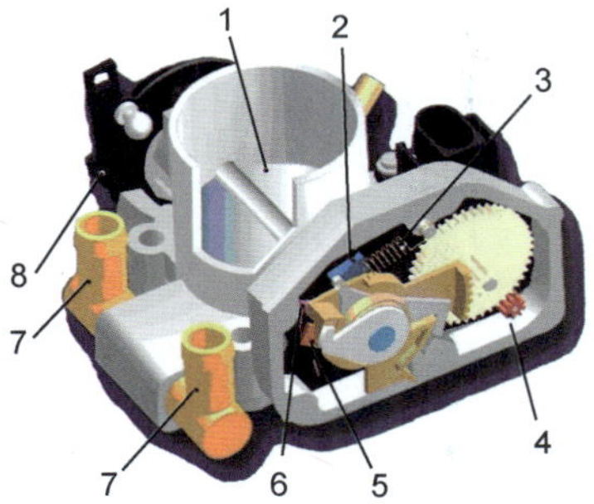

图2-1-14　节气门体内部结构

1—节气门；2—节气门定位电位计；3—应急运行弹簧；4—节气门定位器；5—节气门电位计；6—怠速开关；7—热水进出管道；8—节气门拉索滑轮

（9）进气压力传感器

进气压力传感器与稳压器相连，用以将进气管内的压力变化转换成电信号。它与转速信号一起输送到ECU，作为决定喷油器基本喷油量的依据。进气压力传感器采用半导体压敏电阻式（全称是进气歧管绝对压力传感器）。它由硅膜片、集成电路、滤清器、真空室和壳体等组成，如图 2-1-15 所示。硅膜片是压力转换元件，它是利用半导体的压电效应制成的。硅膜片的一面是真空室，另一面是导入的进气压力。集成电路是信号放大装置，它的端头与 ECU 连接。

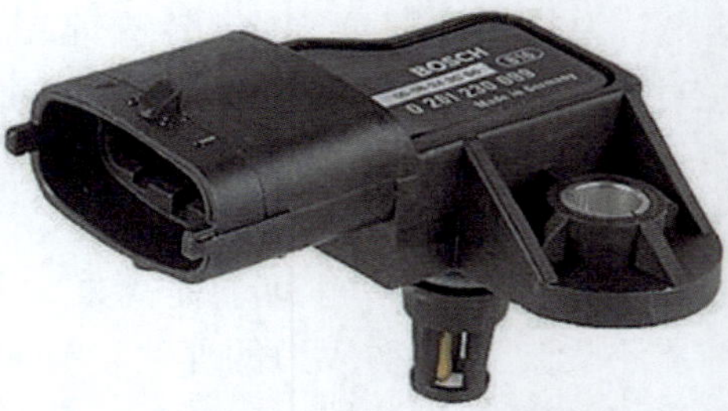

图 2-1-15 进气压力传感器的外形

发动机工作时，从进气管来的空气经传感器的滤清器滤清后作用在硅膜片上，硅膜片产生变形（由于进气流量对应着相应的进气压力，故进气流量越大，进气管压力就越高，硅膜片变形也就越大）。硅膜片的变形，使扩散在硅膜片上电阻的阻值改变，导致电桥输出的电压变化。传感器上的集成电路将电压信号放大处理后，作用进气管压力信号送到电控单元，此信号成为电控单元计算进入气缸空气量的主要依据。

（10）进气温度传感器

进气温度传感器与进气压力传感器安装于节气门之后的进气管上，用以检测进气温度。检测进气温度的目的是为了确定进气的密度，它与进气压力传感器联合使用，可以准确地反映进入气缸的空气量。进气温度传感器的材料采用负温度系数（NTC）热敏电阻，ECU 根据进气温度传感器检测到的进气温度修正喷油量，使发动机自动适应外部环境的变化。图 2-1-16 所示为进气温度传感器的外形。

（11）水温传感器

水温传感器（见图 2-1-17）的作用是测定发动机冷却液温度，并将它变为电信号送入 ECU，为其修正喷油量提供重要依据。水温传感器装在发动机的冷却液回路中。目前是利用负温度系数半导体电阻来测定温度。负温度系数的电阻在温度上升时，其电阻值是下降的。

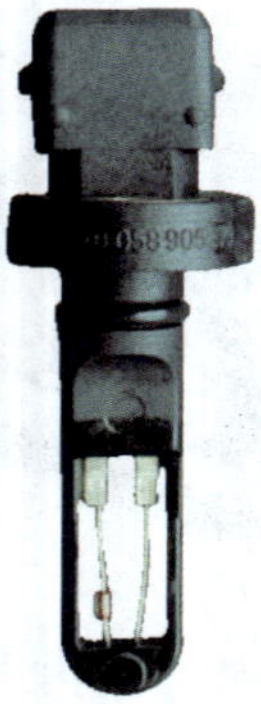
图 2-1-16 进气温度传感器的外形

图 2-1-17 水温传感器

（12）爆燃传感器

爆燃传感器安装于气缸体上，如图 2-1-18 所示。它能将发动机爆燃情况转换成电信号，输送给电控单元，供其修正点火时刻。

爆燃传感器是一种固有频率大于 25 kHz 的宽带加速度传感器，控制元件由压电陶瓷制成。为了隔热，传感器用塑料套包起来，允许工作温度为130℃。图2-1-19所示为其内部构造图。

图 2-1-18　爆燃传感器的外形

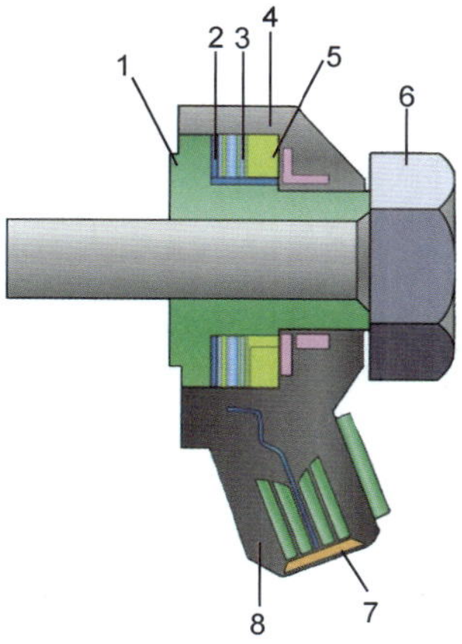

图 2-1-19　爆燃传感器内部构造图

1—套筒底座；2—绝缘垫圈；3—压电元件；4—塑料壳体；5—惯性配重；6—固定螺栓；7—接线插座；8—电极内部结构

（13）氧传感器

氧传感器（λ 传感器）又称空气汽油混合比传感器，用以控制发动机的燃烧状况，随时向ECU提供修正喷油量的电信号。氧传感器装在发动机排气管上，伸入到废气流中，外电极端受废气拂过，内电极端与外界空气接通。氧传感器基本上由一专用陶瓷体构成，其表面装有可透气的铝电极，如图2-1-20和图2-1-21所示。传感器起作用的原理是陶瓷材料为多孔的，允许空气中的氧扩散（团体电解质），陶瓷在高温下是导电的。如果两电极端的含氧量不一样，则电极上产生一个电压，测定出排气管中的含氧浓度，并随时向ECU反馈信号来修正喷油量，以保证空气和汽油混合气过量空气系数 a=1.00（理想混合气）。

图 2-1-20　氧传感器外形图

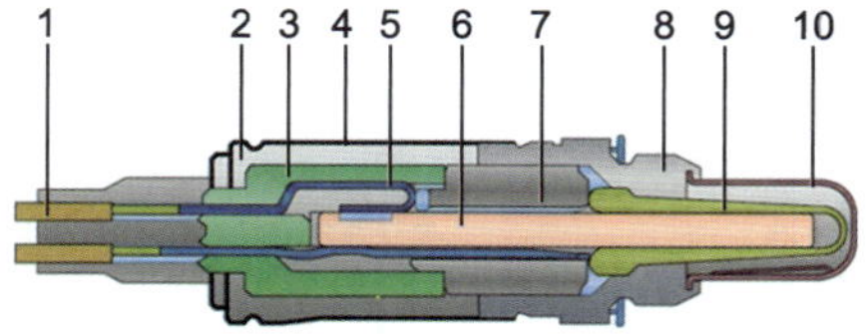

图 2-1-21　氧传感器内部结构图

1—接线；2—片簧；3—陶瓷管；4—防护套；5—加热元件引线；6—加热元件；7—连接线；8—传感器壳体；9—活性陶瓷；10—防护管

（14）电控单元

电控单元（ECU）如图2-1-22所示。ECU是一种电子综合控制装置，它是电子控制汽油喷射装置的控制中枢，它由模拟/数字转换器、只读存储器（ROM)、随机存储器（RAM）、逻辑运算装置和一些数据寄存器等组成。它通过分析各种传感器提供的发动机工况数据，并借助于编好程序的综合特性曲线，发出喷油器和点火提前角的控制脉冲。AJR 发动机各部件的功能如表 2-1-1 所示，发动机部分结构部件与信号的功能如表 2-1-2 所示。

图 2-1-22　电控单元

表 2-1-1　AJR 发动机各部件的功能

部件名称		代号	功能
发动机电控单元		J220	发动机电控单元是发动机管理系统，对发动机的燃油喷射和点火进行控制。电控单元接受各种输入信号，并进行计算、分析处理，输出执行命令
传感器	空气流量计	G70	AJR 发动机采用热膜式空气流量计，又叫作空气质量计。它将检测到的发动机进气量信号，输入发动机 ECU，用以计算点火喷油量的基本参数
	发动机转速传感器	G28	发动机转速传感器是一个电磁感应式传感器，用来探测曲轴精确的转角位置和发动机转速
	霍尔传感器	G40	AJR 发动机霍尔传感器用作判别凸轮轴位置，故又称为凸轮轴位置传感器，采用的是霍尔原理
	进气温度传感器	G72	进气温度传感器是一个 NTC 负温度系数的热敏电阻。进气温度上升时电阻下降。发动机电控单元通过电阻信号识别进气温度，从而修正喷油量和点火提前角
	冷却液温度传感器	G62	冷却液温度传感器是一个 NTC 负温度系数的热敏电阻。当冷却液温度上升时，电阻值下降。发动机电控单元可以从电阻信号中识别冷却液温度，用以修正喷油量和点火提前角，也是使活性炭罐电磁阀动作的一个要素
	氧传感器	G39	λ 传感器的功能是根据排气中氧气浓度而产生不同的电压信号。其实质是根据排气中氧气检测混合气空燃比是过浓或偏稀。评价指标就是过量空气系数 λ
	爆燃传感器	G61、G66	节气门位置传感器置于节气门控制组件（J338）内，是主要负荷辅助信号。ECU 根据节气门开度大小获得发动机负荷变化工况，比如怠速工况、部分负荷工况、全负荷工况和急加速工况，用以调节修正、控制喷油时间（量）
	怠速节气门位置传感器	G88	它直接与怠速调节电动机连在一起，向中央控制器提供节气门当时的位置，以及怠速范围电机的位置。当怠速节气门到达调节范围极限时，如果节气门继续开启，怠速节气门电位计将不再起作用，如果怠速节气门电位计信号中断，节流阀体的节气门将通过应急弹簧进入机械应急运转状态，怠速转速将有所提高
	怠速开关	F60	用以向发动机电控单元提供怠速位置信号

续表

部件名称		代号	功能
执行器	喷油器	N30 N31 N32 N33	在所有运转条件下始终供给发动机所需要的燃油量
	燃油泵继电器	J17	燃油泵继电器安装在中央配电盒内，用于控制燃油泵、空气流量计、炭罐电磁阀和氧传感器加热器供电

表 2-1-2　发动机部分结构部件与信号的功能

部件名称	代号	功能
氧传感器加热器	G39	给氧传感器加热，使氧传感器获得 300 ℃的工作温度
怠速电动机	V60	根据 ECU 的信号，高速节气门在怠速时的开度，以调节发动机怠速转速，使逐渐逼近标准转速（800±30）r/min
活性炭罐电磁阀	N80	根据 ECU 的指令，将燃油箱的燃油蒸气输送至进气管
点火模块（点火终端能量输出级）	N152	根据 ECU 的指令，点火模块的大功率驱动管交替截止，导通以控制点火线圈一次电流的截止与导通，使线圈二次 [侧] 产生高电压
点火线圈		执行电子点火模块的指令，有规律地产生足够的高压电
发动机转速信号		将发动机转速信号提供给转速表，以显示发动机转速的情况
空调压缩机信号		空调压缩机信号是双向的（输入＋输出）输入：该信号提供给控制单元空调压缩机已接通的信息。控制单元做出反应，通过节流阀体（J338）提高怠速转速输出：通过同一根信号线，控制单元可以切断空调压缩机切断发生在下述工况：急加速到全负荷；应急运行；水温超过 120℃
空调开关信号		向 ECU 输入 A/C 的状况信号，以控制发动机怠速
诊断信号	T16	向诊断仪器（V.A.G1552）输出发动机诊断信号
行驶速度信号		向 ECU 输入汽车行驶速度信号，以控制发动机怠速稳定性

任务训练

1. 写出下列汽车电控发动机部件名称及作用。

部件名称__________________

作用______________________

部件名称__________________

作用______________________

部件名称__________________

作用______________________

部件名称__________________

作用______________________

部件名称__________________

作用______________________

部件名称__________________

作用______________________

部件名称__________________

作用______________________

部件名称__________________

作用______________________

部件名称________________
作用____________________

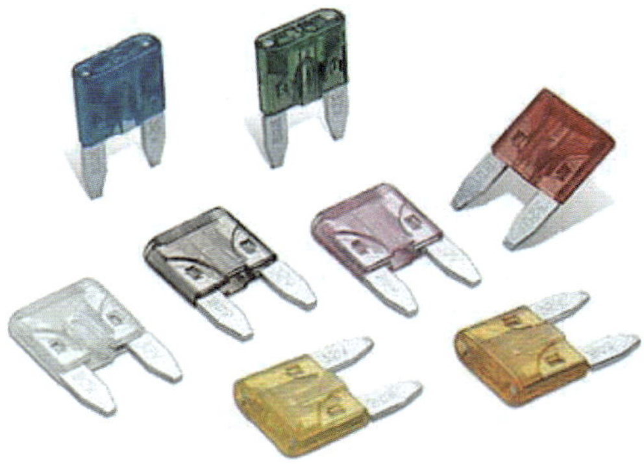

部件名称________________
作用____________________

部件名称________________
作用____________________

部件名称________________
作用____________________

部件名称________________
作用____________________

2. 写出汽车电控发动机组成部件与功用。

笔记及心得：

任务二 汽车ABS系统认知

ABS系统的发展可追溯到20世纪初期。进入20世纪70年代后期，数字式电子技术和大规模集成电路迅速发展，为ABS系统向实用化发展奠定了技术基础，许多家公司相继研制了形式多样的ABS系统。自20世纪80年代中期以来，ABS系统向高性价比的方向发展。有的公司对ABS进行了结构简化和系统优化，推出了经济型的ABS装置；有的企业推出了适用于轻型货车和客货两用汽车的后轮ABS或四轮ABS系统。这些努力都为ABS的迅速普及创造了条件。ABS系统被认为是汽车上采用安全带以来在安全性方面所取得的最为重要的技术成就。

任务目标

① 掌握汽车ABS系统的组成及工作原理。
② 了解汽车ABS系统的安装位置。
③ 掌握汽车ABS系统的检修。

知识准备

1 ABS系统各部件在汽车上的位置

图2-2-1所示为汽车ABS系统组成部件在汽车上的位置。

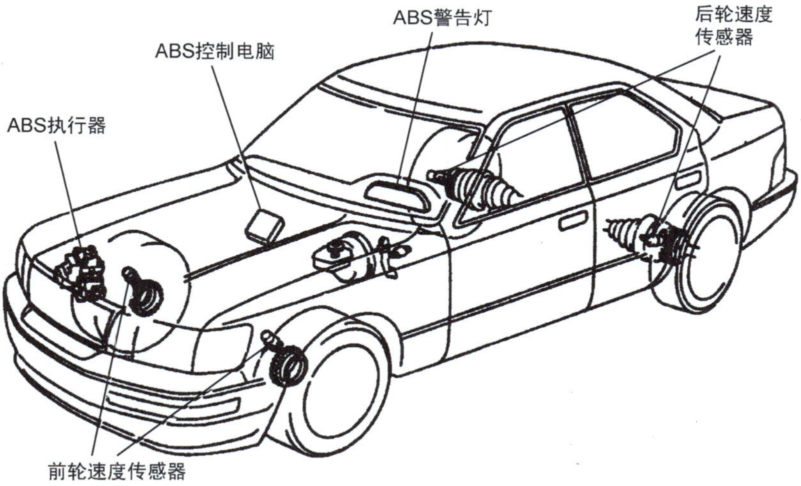

图2-2-1　ABS系统各部件在汽车上的位置

2 ABS系统的组成

ABS系统主要由ABS控制器，包括电子控制单元、液压单元、液压泵等、4个车轮转速传感器、ABS故障警告灯、制动警告灯等组成，如图2-2-2所示。

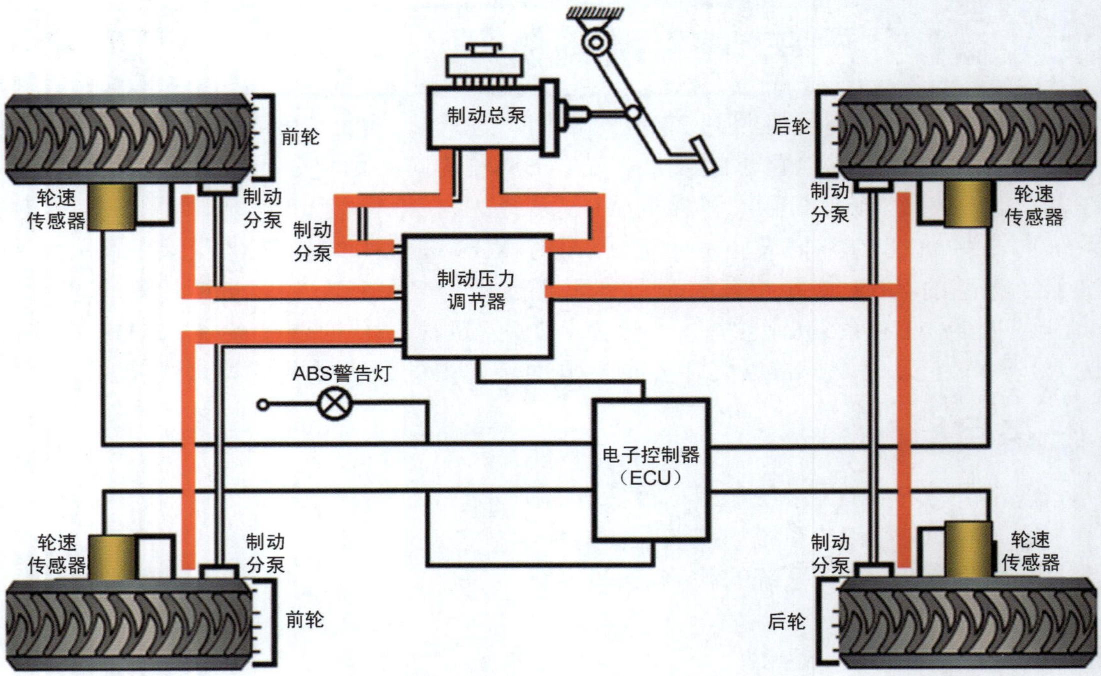

图 2-2-2　ABS 的组成

（1）轮速传感器

轮速传感器主要负责检测车轮的速度，并将速度信号输入 ABS 的电控单元。目前用于 ABS 系统的轮速传感器主要有电磁式和霍尔式两种。

① 电磁式轮速传感器。如图 2-2-3 所示，电磁式轮速传感器是一种通过磁通量的变化产生感应电压的装置，主要有传感头和齿圈两部分组成。齿圈一般安装在轮毂或轴坐上，对于后轮驱动车辆齿圈也可安装在差速器或传动轴上。齿圈随车轮或传动轴一起转动。传感头通过固定在车身上的支架安装在齿圈附近，传感头与齿圈间的间隙约 1 mm。

传感头由电缆、永磁铁、外壳、感应线圈、极轴、齿圈组成。极轴同永磁铁相连，感应线圈套在极轴的外面。极轴头部结够有凿式和柱式两种。齿圈旋转时，齿顶和齿隙交替对向极轴。当齿顶对向极轴时磁路的磁隙最小，因此磁阻也最小，通过感应线圈的磁通量最大；当齿隙对向极轴时磁路的磁隙最大时，磁阻也最大，通过感应线圈的磁通量最小。所以，在齿圈旋转过程中，感应线圈内部的磁通量交替变化从而产生感应电动势，此信号通过感应线圈内部的电缆输入 ABS 的电控单元。当齿圈的转速发生变化时感应电动势的频率也随之变化。ABS 电控单元即通过检测感应电动势的频率变化来检测车轮速度。

② 霍尔式轮速传感器。它也是由传感头和齿圈组成。传感头由永磁体、霍尔元件和电子电路组成。永磁体的磁力线通过霍尔元件通向齿圈，齿圈相当于一个集磁器。图 2-2-4 所示为霍尔式轮速传感器的结构。

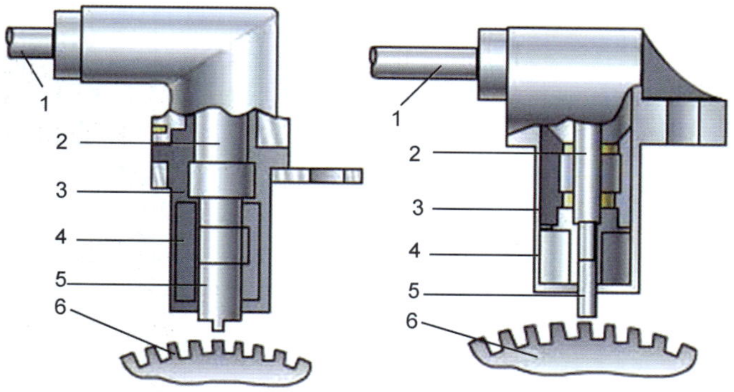

(a) 凿式极轴　　(b) 柱式极轴

图 2-2-3　电磁式轮速传感器

1—电缆；2—永磁体；3—外壳；4—感应线圈；5—极轴；6—齿圈

当齿圈位于 2-2-5（a）所示位置时，穿过霍尔元件的磁力线分散，磁场相对较弱；而当齿圈位于 2-2-5（b）所示位置时，穿过霍尔元件的磁力线集中，磁场相对较强。齿圈转动时，使得穿过霍尔元件的磁力线密度发生变化，因而引起霍尔电压的变化，霍尔元件将输出一个毫伏（mV）级的准正弦波电压，然后再由电子电路转换成标准的脉冲电压，如图 2-2-6 所示。

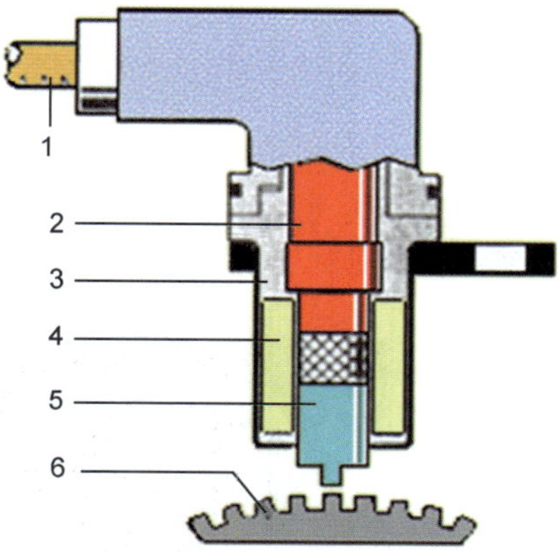

图 2-2-4　霍尔式轮速传感器

1—线束；2—永久磁铁；3—壳体；4—线圈；5—探头；6—齿圈

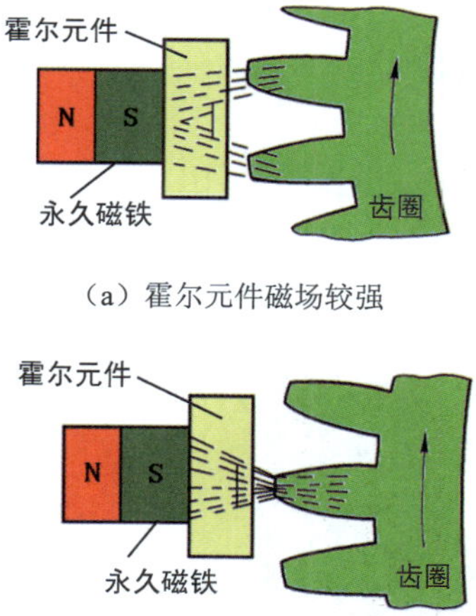

(a) 霍尔元件磁场较强

(b) 霍尔元件磁场较强

图 2-2-5　霍尔式轮速传感器磁场

（2）汽车 ABS 系统电子控制单元（ECU）

汽车 ABS 电子控制单元（见图 2-2-7）的功能是接受轮速传感器及其他传感器输入的信号，对这些输入的信号进行测量、比较、分析、放大和处理，通过精确计算，得出制动时车轮的滑移率、车轮的加速度和减速度，以判断车轮是否有抱死趋势，再由其输出级发出控制指令，控制制动压力调节器去执行压力调节任务。当出现故障时，执行 Fail-Safe 功能，并点亮警告灯。

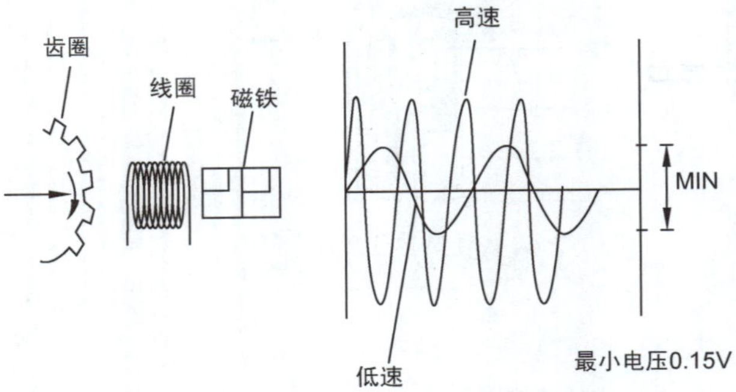

图 2-2-6　霍尔式轮速传感器霍尔电压

图 2-2-7　ABS 电子控制单元

（3）液压控制单元和液压泵

液压控制单元装在制动主缸与制动轮缸之间，采用整体式结构，主要任务是转换执行 ABS ECU 的指令，自动调节制动器中的液压压力，如图 2-2-8 所示。

液压控制单元阀体内包括 8 个电磁阀，每个回路各一对，其中一个是常开进油阀，一个是常闭出油阀。它在制动主缸、制动轮缸和回油路之间建立联系，实现压力升高、压力保持和压力降低的功能，防止车轮抱死。

（4）ABS 故障警告灯

ABS 系统在仪表板及仪表板附加部件上装有两个故障警告灯，一个是 ABS 警告灯（见图 2-2-9），另一个是制动装置警告灯。两个故障警告灯正常点亮的情况是：当点火开关打开起动至自检结束（大约 2 s）；在拉紧驻车制动装置时警告灯点亮。如果上述情况灯不亮，说明故障警告灯本身或线路有故障。

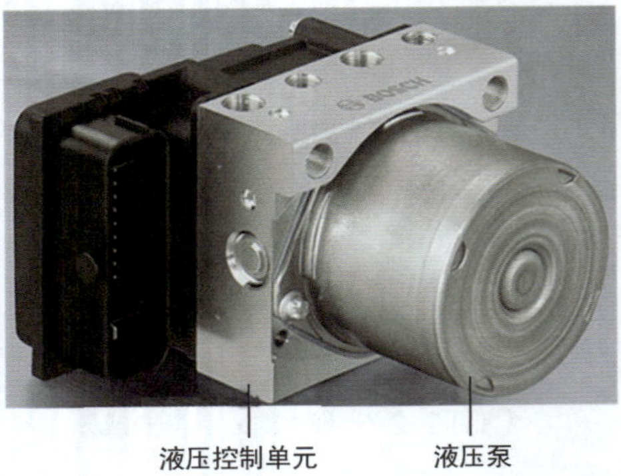

图 2-2-8　ABS 系统液压控制单元和液压泵

图 2-2-9　ABS 故障警告灯

（5）ABS 系统电磁阀构造

电磁阀构造如图 2-2-10（a）、（b）所示。

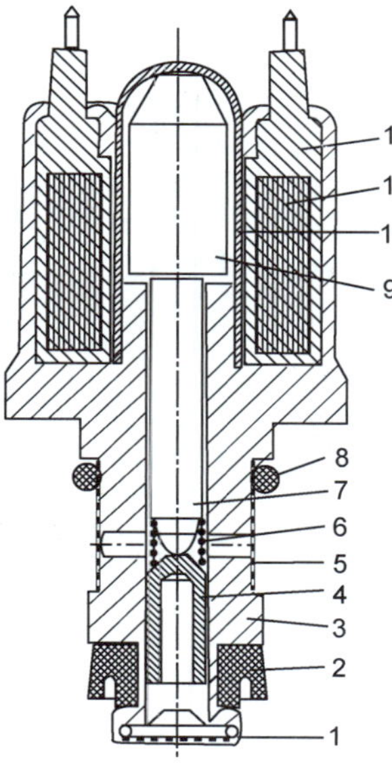

（a）2 位 2 通进油电磁阀

1—进油管滤清器；2—密封圈；3—阀体；4—阀座；5—滤清器；6—弹簧；7—阀芯；8—O 型圈；9—衔铁；10—密封盖；11—线圈；12—线圈架

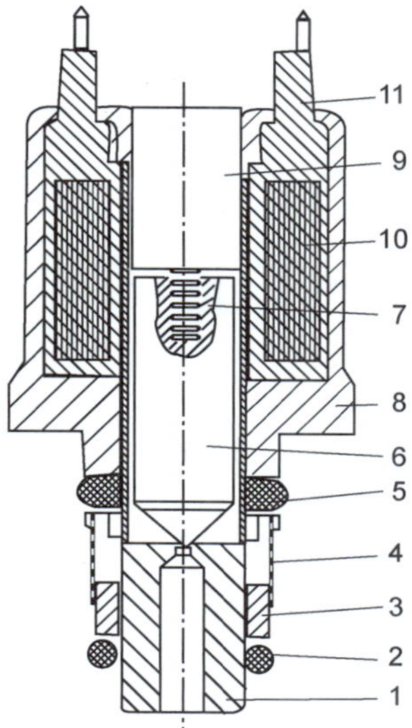

（b）2 位 2 通出油电磁阀

1—阀座；2—O 形环；3—滤清支撑体；4—滤清器；5—密封圈；6—阀芯；7—阀体；8—弹簧；9—线圈；10—衔铁；11—线圈架

图 2-2-10　ABS 系统电磁阀

❸ ABS 工作原理

ABS 系统依靠装在各车轮上高灵敏度的车轮转速传感器及车身上的车速传感器，通过计算机控制。紧急制动时，一旦发现某个车轮抱死，计算机立即指令压力调节器使该轮的制动分泵泄（减）压，使车轮恢复转动。ABS 的工作过程实际上是抱死—松开—抱死—松开的循环工作过程，使车辆始终处于临界抱死的间隙滚动状态，有效地克服紧急制动时的跑偏、侧滑、甩尾，防止车身失控等情况的发生。ABS 工作原理流程如图 2-2-11 所示。ABS 工作过程包括常规制动、保压过程、降压过程、增压过程。相应的工作过程如图 2-2-12 ～图 2-2-15 所示。

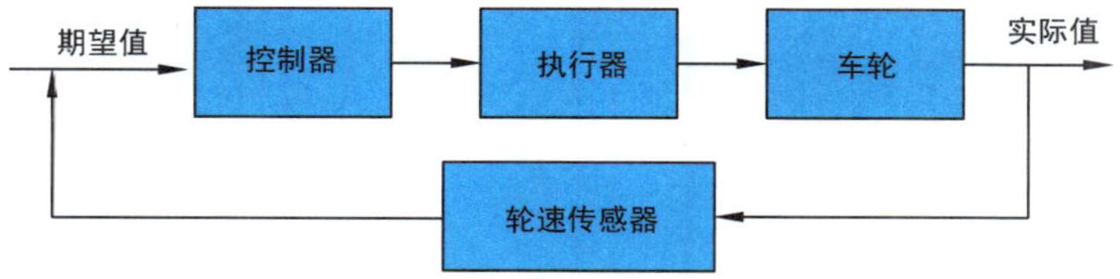

图 2-2-11　ABS 工作原理流程

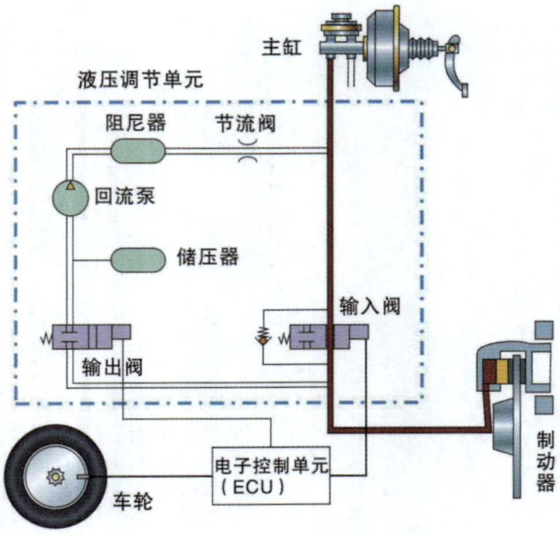

常规制动：在正常状态下，当制动踏板被踩下时，制动液压力从制动主缸被传递到调节器总成。在调节器总成内部，有两个车轮制动钳的调节阀（电磁阀）。一个是输入调节阀，另一个是输出调节阀。压力从制动主缸出来然后通过正常打开的输入调节阀进入每个制动钳。在制动钳回油路上的输出调节阀被关闭，那么，没有制动液返回制动主缸

图 2-2-12　常规制动

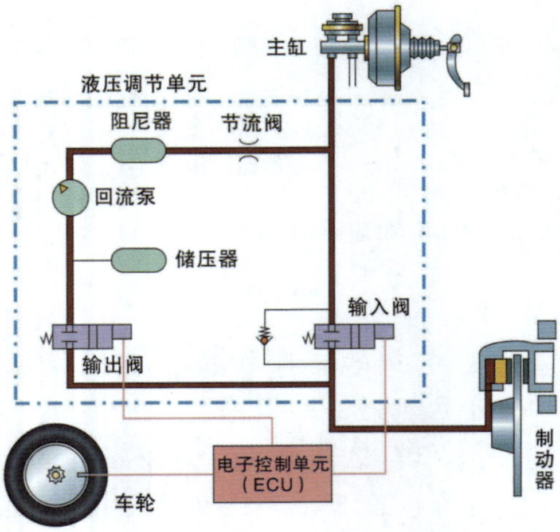

保压过程：当电子制动控制模块通过车轮传感器信号感知一个车轮临近抱死时，循环的第一个阶段是保持压力，这意味着，在进一步施加制动时，没有来自制动主缸的额外压力施加到该车轮，计算机简单地关闭了到该车轮的油压通路。为了切断来自驾驶人的更多压力，电子制动控制模块激发输入调节阀关闭，也显示了输出调节阀仍然关闭，那么制动钳里将保持恒定的压力

图 2-2-13　保压过程

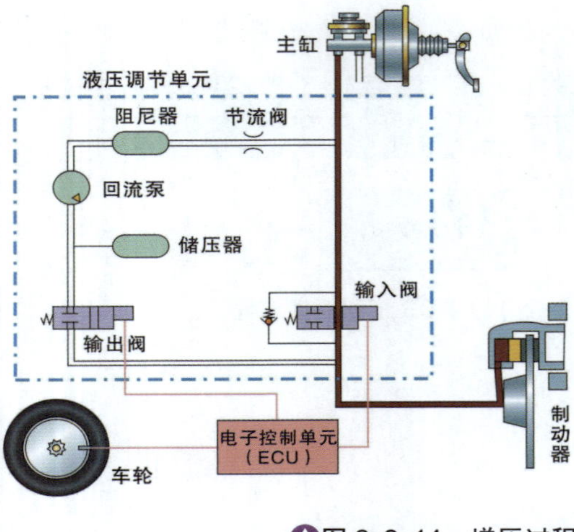

增压过程：如果电子制动控制模块检测到抱死状态已被解除，则压力将需要再次增加，那么输出调节阀被解除激发而关闭，进口阀被激发而打开。此时调节阀模式和正常状态的模式相同

图 2-2-14　增压过程

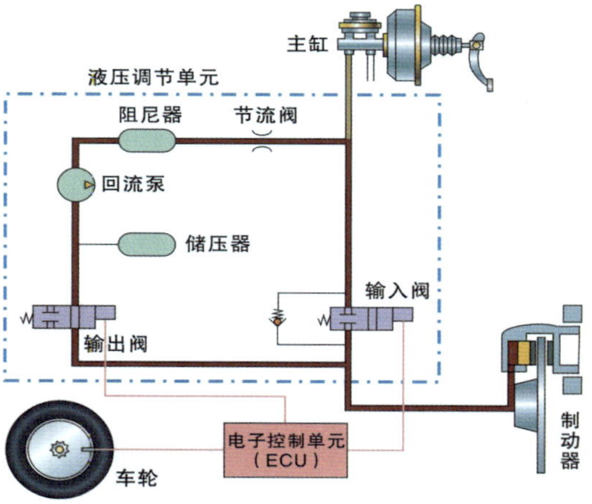

降压过程： 如果电子制动控制模块仍然检测到右前轮将要抱死，它将激发输出调节阀，使输出调节阀从关闭状态变为打开状态。结果，制动钳中的压力开始被解除，液压制动液现在被送回制动主缸

图 2-2-15　降压过程

在 ABS 中，每个车轮上各安置一个转速传感器，将关于各车轮转速的信号输入电子控制装置。电子控制装置根据各车轮转传感器输入的信号对各个车轮的运动状态进行监测和判定并形成相应的控制指令。各处液压电磁阀均不通电而处于关闭状态，电动泵也不通电运转，制动主缸至各制动轮缸的制动管路均处于沟通状态，而各制动轮缸至储液器的制动管路均处于封闭状态，各制动轮缸的制动压力将随制动主缸的输出压力而变化，此时的制动过程与常规制动系统的制动过程完全相同。

在制动过程中，电子控制装置根据车轮转速传感器输入的车轮转速信号判定有车轮趋于抱死时，ABS 就进入防抱死制动压力调节过程。例如，电子控制装置判定右前轮趋于抱死时，电子控制装置就使控制右前轮制动压力的进液电磁阀通电，使右前进液电磁阀转入关闭状态，制动主缸输出的制动液不再进入右前制动轮缸，电子控制装置就使右前进液电磁阀和出液电磁阀都断电，使进液电磁阀转入开启状态，使出液电磁阀转入关闭状态，同时也使电动泵通电运转，向制动轮缸送制动液，由制动主缸输出的制动液和电动泵送入的制动液都经过处于开启状态的右前进液电磁阀进入右前制动轮缸，使右前制动轮缸的制动压力迅速增大，右前轮又开始减速转动。

ABS 通过使趋于抱死车轮的制动压力循环往复地经历保持—减小—增大过程，而将趋于抱死车轮的滑动率控制在峰值附着系数滑动率的附近范围内。在该 ABS 中对应于每一个制动轮缸各有一对进液和出液电磁阀，可由电子控制装置分别进行控制，因此，各制动轮缸的制动压力能够被独立调节，从而使 4 个车轮都不发生制动抱死现象。

尽管各种 ABS 的结构形式和工作过程并不完全相同，但都是通过对趋于抱死车轮的制动压力进行自适应循环调节，来防止被控制车轮发生制动抱死的，而且，各种 ABS 在以下几方面都是相同的。

ABS 只是汽车的速度超过一定值以后（如 5 km/h 或 8 km/h），才会对制动过程中趋于抱死的车轮进行防抱死制动压力调节。当汽车速度被制动降低到一定值时，ABS 就会自动中止防抱死制动压力调节，此后，装备 ABS 汽车的制动过程将与常规制动系统的制动过程相同。这是因为在汽车的速度很低时，车轮被制动抱死对汽车制动性能的影响已经很小，而且要使汽车尽快制动停车，应必须使车轮制动抱死。

在制动过程中，只有当被控制车轮趋于抱死时，ABS 才会对趋于抱死车轮的制动压力进行防抱死调节。在被控制车轮还没有趋于抱死时，制动过程与常规制动系统的制动过程完全相同。

ABS 都具有自诊断功能，能够对系统的工作情况进行监测，一旦发现存在影响系统正常工作的故障时将自动地关闭 ABS，并将 ABS 警示灯点亮，向驾驶人发出警示信号，汽车的制动系统仍然可以像常规制动系统一样进行制动。

任务训练

1. 写出下列汽车 ABS 部件名称及作用。

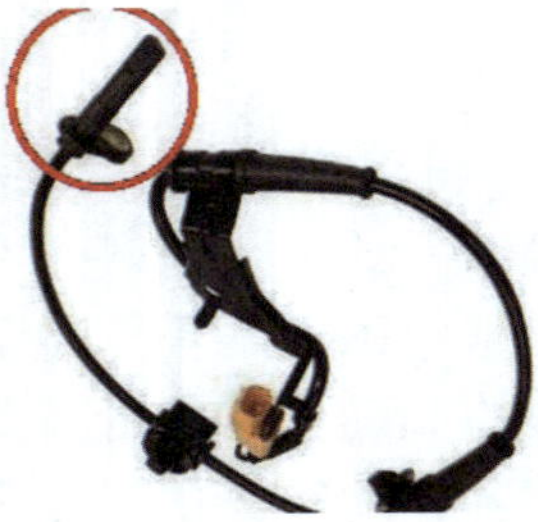

部件名称________________

作用__________________

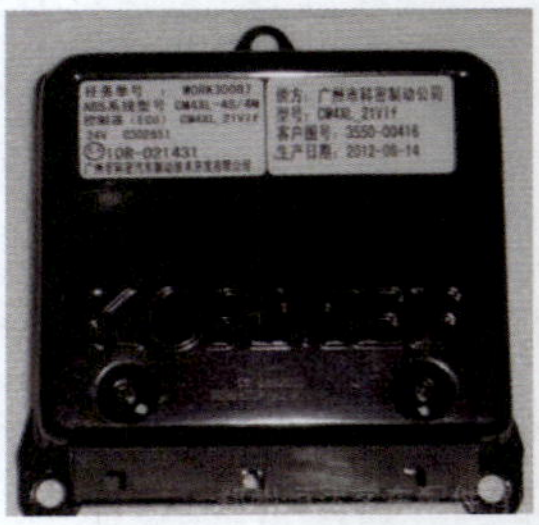

部件名称________________

作用__________________

部件名称________________

作用__________________

部件名称________________

作用__________________

部件名称________________

作用__________________

部件名称________________

作用__________________

部件名称________________

作用____________________

部件名称________________

作用____________________

部件名称________________

作用____________________

2. 写出汽车 ABS 系统组成部件，并写出 ABS 系统工作原理。

笔记及心得：

任务三 汽车空调系统认知

汽车空调系统是实现对车厢内空气进行制冷、加热、换气和空气净化的装置。它可以为乘车人员提供舒适的乘车环境，降低驾驶人的疲劳强度，提高行车安全。空调装置已成为衡量汽车功能是否齐全的标志之一。

任务目标

① 掌握汽车空调系统的组成及工作原理。

② 掌握汽车空调系统各个部件的名称及安装位置。

③ 能够识读汽车空调系统电路图。

知识准备

汽车空调系统由制冷装置、暖风装置、通风装置、空气净化装置和加湿装置中加一个或多个部件及必要的控制部件构成，用于调节乘员舱内温度、湿度和洁净度，并使气流以一定的速度在车室内定向流动和分配，从而给驾驶人和乘客提供舒适的环境及新鲜空气。制冷装置构成的空调系统是汽车空调系统最重要的部分。

1 汽车空调系统的功用与分类

（1）空调系统的功用

现代汽车空调有 4 种功能，其中任何一种功能都是为了使乘客感到舒适。

① 空调器能控制车厢内的气温，既能加热空气，也能冷却空气，以便把车厢内温度控制到舒适的水平。

② 空调器能够排出空气中的湿气。干燥空气吸收人体汗液，造成更舒适的环境。

③ 空调器可吸入新风，具有通风功能。

④ 空调器可过滤空气，排除空气中的灰尘和花粉。

（2）空调系统的分类

① 按驱动方式分：可分为独立式（专用一台发动机驱动压缩机，制冷量大，工作稳定，但成本高，体积及重量大，多用于大、中型客车）和非独立式（空调压缩机由汽车发动机驱动，制冷性能受发动机工作影响较大，稳定性差，多用于小型客车和轿车）。

② 按空调性能分：可分为单一功能型（将制冷、供暖、通风系统各自安装、单独操作，互不干涉，多用于大型客车和载货汽车上）和冷暖一体式（制冷、供暖、通风共用鼓风机和风道，在同一控制板上进行控制），工作时可分为冷暖风分别工作的组合式和冷暖风可同时工作的混合调温式。轿车多用混合调温式空调系统。

③ 按控制方式分：可分为手动式（拨动控制板上的功能键对温度、风速、风向进行控制）和电控气动调节（利用真空控制机构，当选好空调功能键时，就能在预定温度内自动控制温度和风量）。

全自动调节（利用计算比较电路，通过传感器信号及预调信号控制调节机构工作，自动调节温度和风量）和微机控制的全自动调节（以微机为控制中心，实现对车内空气环境进行全方位、多功能的最佳控制和调节）。

② 空调系统的布置

不同类型空调系统的布置方式有所不同。轿车广泛采用的是冷暖一体式空调系统。其布置形式是将蒸发器、暖风散热器、离心式鼓风机、操纵机构等组装在一起，称为空调器总成。

③ 汽车空调系统的组成

现代空调系统由制冷系统、供暖系统、通风和空气净化装置及控制系统组成。

汽车空调控制器，属于一种汽车空调设备的控制装置。调节汽车空调系统，具有制冷通风换气、除霜功能。所有设备安装牢固，控制装置和操纵机构转动灵活，操作自如，性能安全可靠。

④ 空调制冷系统的结构与工作原理

（1）空调制冷系统的结构

汽车空调制冷系统的结构如图 2-3-1 所示。它主要由空气压缩机、蒸发器、冷凝器、控制装置、储液干燥器等组成。

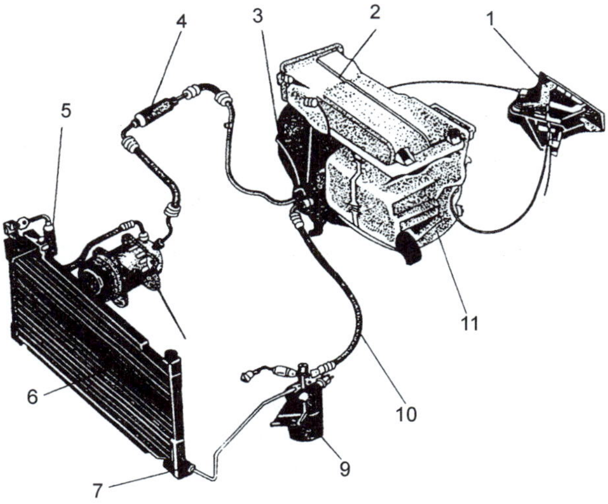

图 2-3-1 空调系统结构

1—控制装置；2—进气罩；3—蒸发器；4—S 管；5—D 管；6—冷凝器；7—C 管；
8—空调压缩机；9—储液干燥器；10—L 管；11—加热器

① 制冷剂（俗称冷媒）：是制冷系统中的一种工作介质，通过自身“相态”的变化来实现热交换，从而达到制冷的目的。汽车空调系统常用的制冷剂有 R12 和 R134a。

② 压缩机：是汽车空调制冷装置的心脏和动力元件，用来压缩和输送制冷剂，如图 2-3-2 所示。

③ 冷凝器：是一种热交换器，把来自压缩机的高温高压气体的热量通过管壁和翅片传递给冷凝器周围的空气，从而达到使车内温度升高的目的。

④ 节流装置：有膨胀阀、节流管等类型，是汽车制冷系统的重要部件，起到节流降压、调节流量、防止“液击”和防止异常过热的作用。

⑤ 蒸发器：是一种热交换器，它利用来自节流装置的低温低压液态制冷剂蒸发时吸收周围空气中的大量热量，达到使车内温度下降的目的。它的作用和原理正好与冷凝器相反，如图 2-3-3 所示。

图 2-3-2　压缩机

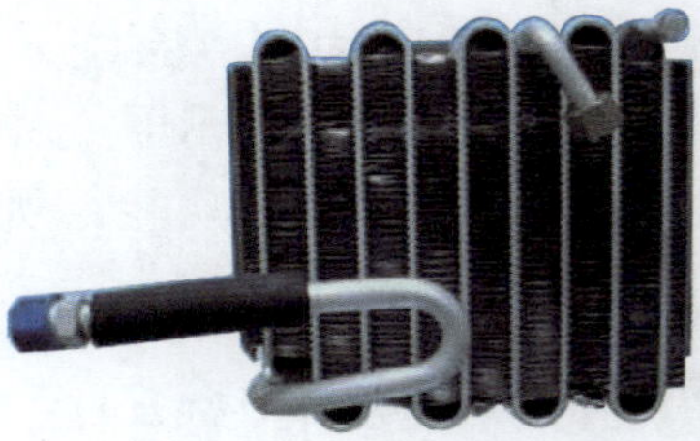

图 2-3-3　蒸发器

⑥ 空调系统中控制装置很多，主要包括储液干燥器（或气液分离器）、控制电路板、各种阀、开关、管路、视镜，以及各种指示器和控制仪表等。它们的功用是提供必要的条件以保证空调系统正常工作。

⑦ 冷冻机油：可以为空调压缩机运动部件提供润滑。此外，还有部分冷冻机油与制冷剂混合在空调系统内循环。

（2）空调制冷系统的工作原理

空调制冷系统利用液态制冷剂汽化吸热产生的冷效应，其制冷循环原理包括压缩、放热、节流、吸热 4 个过程。其工作原理如图 2-3-4 所示。

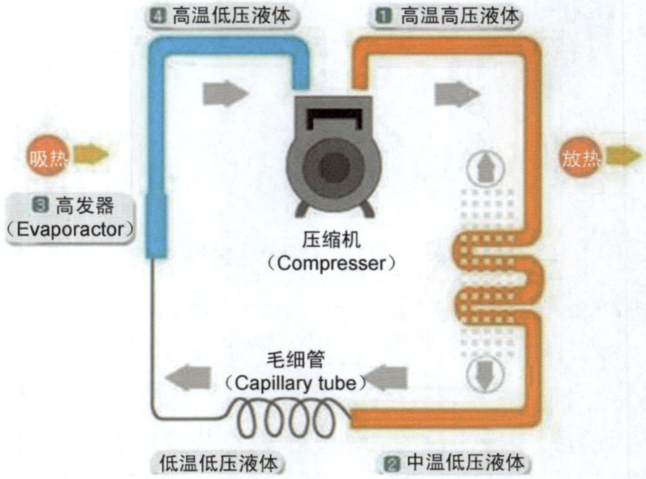

图 2-3-4　空调制冷工作原理

① 压缩过程。压缩机吸入蒸发器出口处低温低压的制冷剂气体，把它压缩成高温高压的气体，然后送入冷凝器。此过程的主要作用就是压缩增压，使气体易于液化。在压缩过程中，制冷剂状态不发生变化，而温度、压力不断升高，形成过热气体。

② 放热过程。高温高压的过热制冷剂气体进入冷凝器（散热器）与大气进行热交换。由于压力及温度的降低，制冷剂气体冷凝成液体，并放出大量的热。此过程的作用是排热、冷凝。冷凝过程的特点是在压力、温度不变的情况下，制冷剂的状态发生变化，由气态逐渐向液态转变。冷凝后的制冷剂液体是中温高压液体。制冷剂液体过冷，过冷度越大，在蒸发过程中其蒸发吸热的能力就越大，制冷效果越好，即产冷量相应增加。

③ 节流过程。高温高压制冷剂液体经节流装置节流降温降压，以雾状（细小液滴）排出节流装置。该过程的作用是使制冷剂降温降压，由高温高压液体迅速变成低温低压液体，以利于吸热、控制制冷能力以维持制冷系统正常运转。

④ 吸热过程。经过节流装置降温降压后的雾状制冷剂液体进入蒸发器，因此时制冷剂的沸点远低于蒸发器内的温度，故制冷剂液体在蒸发器内蒸发、沸腾成气体。在蒸发过程中大量吸收周围的热量，降低车内温度。而后低温低压的制冷剂气体流出蒸发器等待压缩机再次吸入。吸热过程的特点是制冷剂状态由液态变化到气态，此时压力不变，即在恒压过程中进行这一状态的转变。

上述过程周而复始地进行，便可使汽车内温度达到并维持在设定状态。

综合所述，任何制冷设备都有四大部分组成（压缩机、冷凝器、蒸发器、节流装置），制冷剂在制冷机内通过物理状态变化从而吸收或释放热量达到制冷或制热的效果。

⑤ 桑塔纳轿车空调系统的结构

（1）桑塔纳轿车空调系统概述

桑塔纳 2000 系列轿车空调系统采用了替代 R12 的、对大气层无害的新型制冷剂 HCF 134a（R134a）。空调系统在原普桑空调的基础上对蒸发器、压缩机、冷凝器、储液器、软管、加注阀等总成或零件做了重大改进，使它的降温效果有了明显提高。桑塔纳 2000 系列轿车空调系统布置如图 2-3-5 所示。

（2）空调工作过程

空调系统的工作原理如图 2-3-6 所示。由蒸发器 1 出来的低温、低压制冷剂 HCF134a 气体，经低压软管 2、低压阀 3 进入压缩机 5。压缩机内将气态制冷剂吸进并压缩，变成高温、高压的制冷剂气体，由高压阀出来经过高压软管 4 进入冷凝器 6，并把热量排出车外，被冷却为高温、高压的液态 R134a，从冷凝器底部流向储液干燥器 7，经过滤、脱水后由高压软管 4 送至膨胀阀 10。经膨胀阀的高压液态制冷剂减压后，成为低温、低压的雾状物进入蒸发器，通过蒸发器芯管吸收周围空气中的热量而变为气体，冷却后的空气即为冷气，经风扇被强制送回车内，完成了降温的目的。低温、低压的气态制冷剂，经低压软管回到压缩机，开始新一轮工作循环。空调系统操纵按钮及空调系统出风口如图 2-3-7 和图 2-3-8 所示。

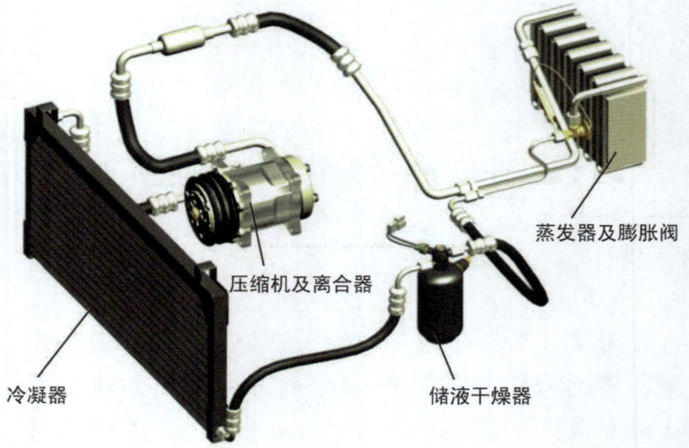

图 2-3-5　桑塔纳 2000 系列轿车空调系统布置

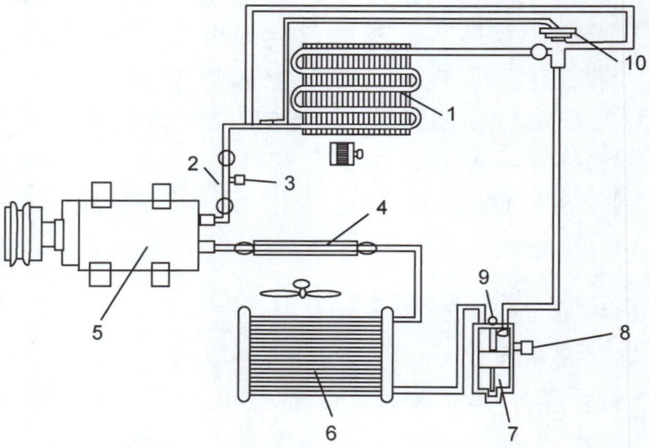

图 2-3-6　空调系统的工作原理

1—蒸发器；2—低压软管；3—低压阀；4—高压软管；5—压缩机；6—冷凝器；
7—储液干燥器；8—高压阀；9—压力开关；10—膨胀阀

图 2-3-7　空调系统操纵按钮

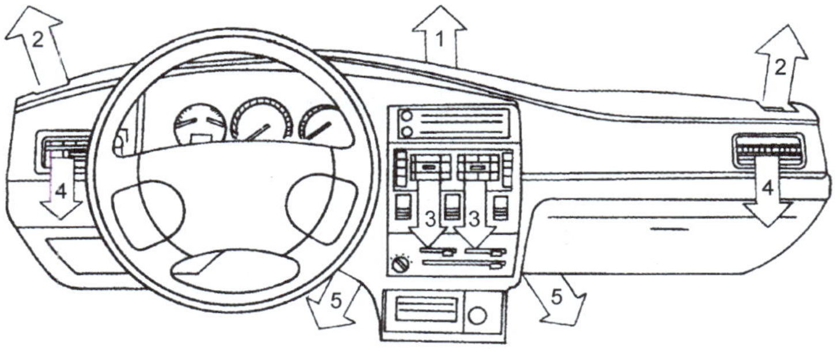

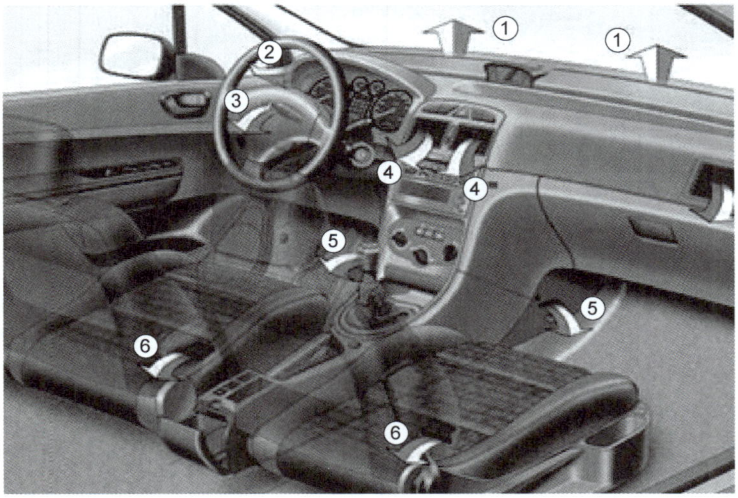

图 2-3-8 空调系统出风口布置

1—中央出风口；2—空调控制开关；3—自然风鼓风机开关；4、5—气流分布拨杆；6—温度选择拨杆

（3）桑塔纳 2000 系列轿车空调系统组件

① 压缩机。由于桑塔纳 2000 系列轿车空调系统的制冷剂由 R12 改为 HCF134a，这种制冷剂具有高渗透性，因此普通桑塔纳轿车空调系统所用的 SD-508 型压缩机已不适用，改为 SE-5H14 型压缩机。该压缩机是在 SD-508 压缩机的基础上根据制冷剂的要求进行了局部改动而成，主要改动有：①冷冻机油由原 5GS 矿物油改为 SW100 酯类合成油；②轴封由原来的机械密封式改为双唇口径向密封式；③有关零件提高了强度或改变了材料。为提高密封性能，其中的橡胶密封件材料由 NBR/FKM 改为氢化丁腈橡胶。

SE5H14 型压缩机属于摇摆斜盘式压缩机，如图 2-3-9 所示，当主轴旋转时，摇板做轴向往复摇摆，从而带动压缩机的活塞作轴向往复运动。压缩机采用电磁离合器型式，当接通电源时，电磁离合器线圈中的电流在离合器片与固定框之间产生一磁场，离合器的磁铁吸向转子，电磁离合器带轮从发动机上得到的动力传给压缩机轴时，带动压缩机工作。当切断电源时，磁场消失，离合器分离，带轮空转。

这种压缩机的吸、排气压力及工作转矩的波动小，平均功耗低，工作变化平稳，且不会结霜。

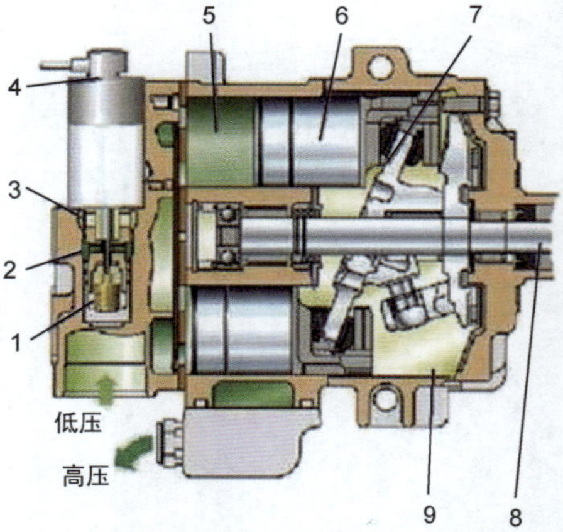

图 2-3-9　摇摆斜盘式压缩机工作原理

1—进气压力；2—高压；3—曲轴箱压力；4—空调压缩机调节阀 N280；5—压缩室；6—空心活塞；7—斜盘；8—驱动轴；9—曲轴箱

② 冷凝器。其作用是把来自压缩机的高温制冷剂气体冷凝成高压液体，并把吸收的热量放到车外环境。由于使用 HFC134a 制冷剂后，系统压力升高，为提高冷凝效果，已将桑塔纳 LX 型采用的管片式冷凝器，改为传热效果更好的全铝管带式平流冷凝器，如图 2-3-10 所示。

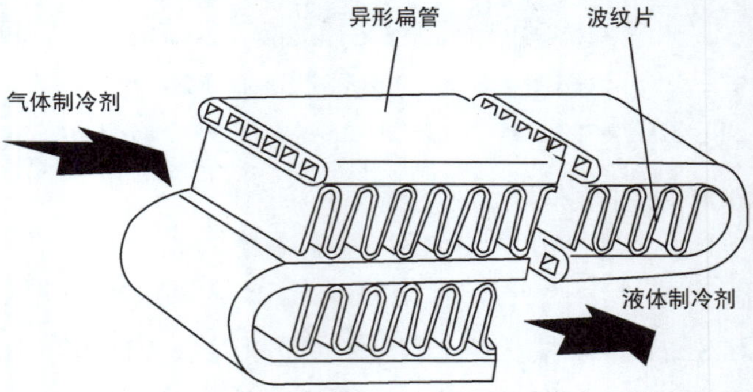

图 2-3-10　全铝管带式平流冷凝器结构图

③ 蒸发器。它安装在副驾驶人一侧杂物箱下方，采用风冷全铝板带式结构，其功能是：经节流阀流入的制冷剂液体蒸发成气体，吸收车内热空气的热量，从而达到降温的目的。蒸发器上插有感温开关的毛细管。由于采用 HFC 134a 制冷剂，引起冷凝压力和温度上升，制冷效率下降。为此，桑塔纳 2000 系列轿车的蒸发器的扁管加宽，翅片间距减小，从而增大了热交换面积，改善了换热性能。

④ 储液干燥器。它安装在发动机左前方纵梁上，由过滤器、干燥剂、窥视玻璃孔、组合开关及引出管等组成，如图 2-3-11 所示。它的主要功能有储存制冷剂、吸收制冷剂中的水分及过滤异物、高低压保护等。

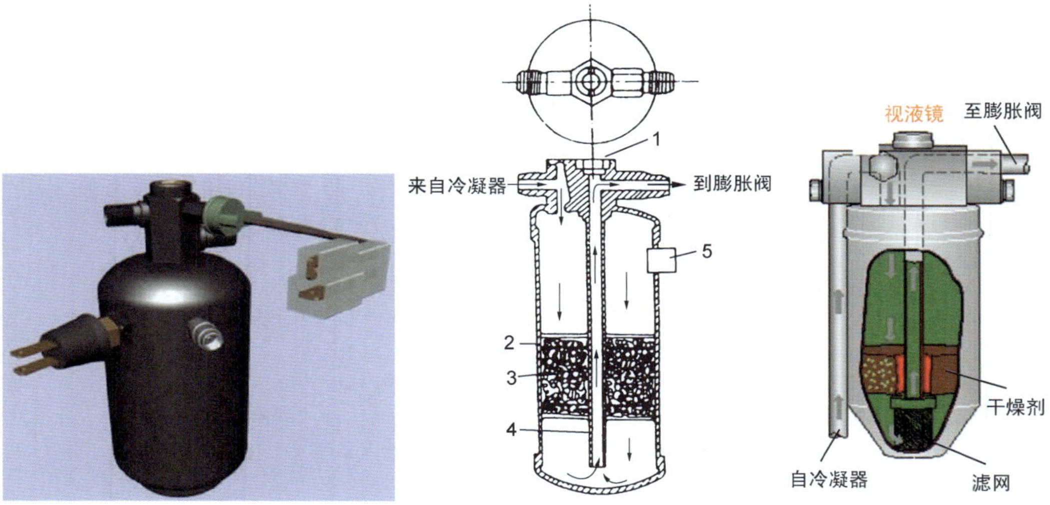

（a）实物　　（b）工作原理　　（c）结构

图 2-3-11　储液干燥器实物、工作原理及结构

1—窥视玻璃；2—过滤器；3—干燥剂；4—引出管；5—组合开关

由于 HFC 134a 与水的亲和力强，脱水困难，故干燥剂由原来的 XH-4A-5 改为 XH-7，干燥剂用量增加。为提高罐体的抗腐蚀能力，其材料由铁改为铝。其主要规格如表 2-3-1 所示。

表 2-3-1　储液干燥器主要规格

配 套 车 型	桑塔纳 2000 型
容量 /mL	500
干燥剂型号（分子筛）	XH-7
干燥剂质量 /g	50
平衡吸水量 /g	3
易熔塞击穿温度 /℃	103 ～ 110.5
压力开关名称	高、中、低三位一体压力开关
开关值（表压 /MPa）	高压开关 3.14±0.20 中压开关 1.77±0.10 低压开关 0.196±0.10
气门芯	快速连接
适用制冷剂	HFC134a

储液干燥器要直立安装，倾斜度不要大于 15°，否则，液态与气态制冷剂将不能完全分离。在空调系统的安装和维修过程中，干燥器必须最后一个安装到系统中，防止空气进入干燥器。

⑤ 膨胀阀。其主要功能是：把高温、高压的液态制冷剂节流降压，转化为低压、低温的雾状物，送入蒸发器，并控制向蒸发器的供液量，防止过多的液体引起阻滞现象。

桑塔纳 2000 系列轿车采用 H 型膨胀阀，如图 2-3-12 所示，主要由阀体、感温元件、调节杆、弹簧、球阀等组成。与桑塔纳 LX 型所采用的 F 型膨胀阀相比，由于它的感温元件直接安装在阀体内，因而调节灵敏度和制冷效率更高。

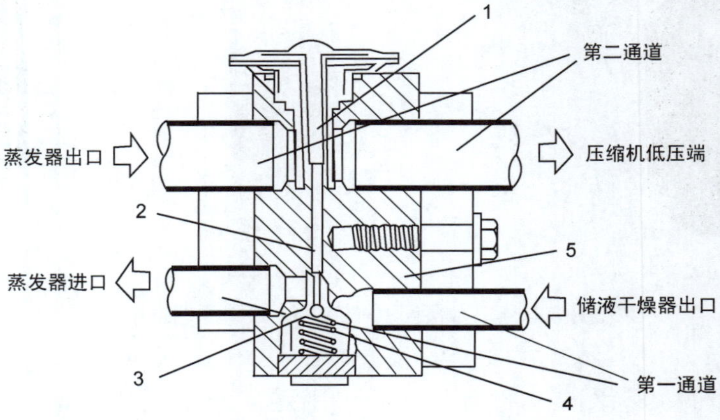

图 2-3-12　H 型膨胀阀结构示意图

1—感温元件；2—调节杆；3—球阀；4—弹簧；5—阀体

（4）结构参数和技术性能参数

桑塔纳 2000 系列轿车空调系统技术性能及参数，如表 2-3-2 所示。

表 2-3-2　桑塔纳 2000 系列轿车空调系统技术性能及参数

项　目		单　位	参　数
整体性能	制冷量	W	3 997
	制热量	W	7 000 ～ 8 000
	风量（干）	m^3/h	420
压缩机	型号		SE5H14
	型式		摇摆斜盘式
	缸径	mm	ϕ 35
	行程	mm	28.6
	缸数		5
	每转排量	cm^3	138
	最大允许转速	r/min	7 000

续表

项　　目		单　　位	参　　数
压缩机	制冷剂		HFC 134a
	润滑油		Castrol SW-100
	润滑油量	cm^3	135
	质量	kg	5
	功率消耗	kW	2.7
离合器部分	额定电压	V	12 DC
	脱离转矩	N·m	29.5
	最小啮合电压	V	7.5 DC
	额定电流	A	2.5 ～ 3.0
	最大允许转速	r/min	7 000
	最大允许连续转速	r/min	6 000
	传动带	型号（A）× 根数（M）	A×1,M×1
	带轮外径	mm	ϕ 130
	质量	kg	2.4
散热器风扇(主、从动两只)	最大功率	W	200
	起动方式		满电压直接起动
	抗无线电干扰	MHz	20 ～ 150
	高速挡风扇功率	W	150
	低速挡风扇功率	W	95
	车上主动风扇高速挡电流	A	6 ～ 7
	车上低速挡风扇电流	A	3 ～ 4
	主动风扇带动从动风扇后 高速挡电流 低速挡电流	 A A	 8 ～ 10 4 ～ 6

（5）暖风装置

汽车暖风装置是用来为车厢内取暖及风窗除霜用的，它是汽车空调的组成部分。上海桑塔纳轿车采用水暖式暖风机，包括暖风水箱（散热器）、鼓风机及外壳。它与制冷气的蒸发器组成一体，与冷风共用鼓风机及壳体。暖风水箱的进水管上设置调节水阀以实现热水从发动机分流到暖风水箱，并可调节水流量的大小。

桑塔纳轿车的采暖量可用改变水阀的开度来调节，也可用改变风机转速来调节，水阀的开度通过绳索由操纵板控制。除前风窗的热风除霜口外，在左右两侧还有侧窗除霜口，以提高行车安全性。

任务训练

1. 写出下列汽车空调部件名称及安装位置。

部件名称________________

安装位置________________

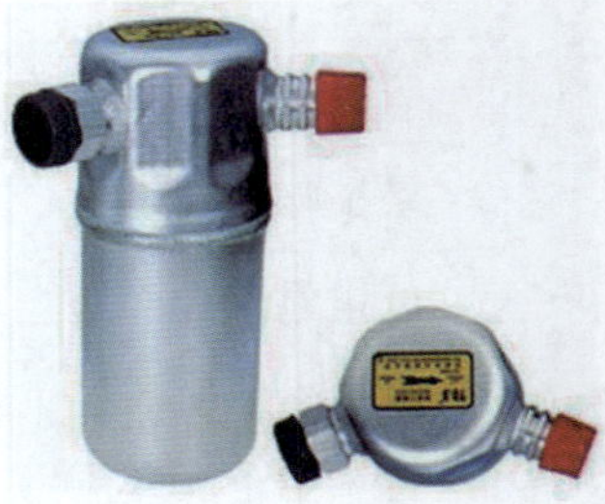

部件名称________________

安装位置________________

部件名称________________

安装位置________________

部件名称________________

安装位置________________

部件名称________________

安装位置________________

部件名称________________

安装位置________________

部件名称________________
安装位置________________

部件名称________________
安装位置________________

2. 写出汽车空调系统组成部件，并写出该部件的功用。

笔记及心得：

项目三 汽车使用认知

Project 3

汽车使用认知项目中，主要包括汽车油液认知、汽车使用认知、汽车维护认知3个学习任务。通过3个任务的学习，可以详细地对汽车在使用过程中，需要注意的保养、维护等知识进行了解，更好地去认识汽车，掌握汽车在使用过程中所需要注意的事项。其中，任务一汽车油液认知，主要学习汽车在使用过程中所需要的燃油有哪些，并掌握工作液与润滑油在汽车使用过程中起到的作用。任务二汽车使用认知，主要学习汽车在使用过程中，所需要的灯光系统、喷淋装置、车内设备等。任务三汽车维护认知，主要学习汽车在使用过程中，需要保养的项目有哪些，并掌握这些保养项目的功用。

任务一 汽车油液认知

汽车作为一种现代化运输工具，在其运行过程中必然要使用和消耗燃料、润滑材料和工作液等，通常把这些材料称为汽车运行材料。汽车运行材料大多是石油产品，据统计，全球石油产品46%左右为汽车所消耗。

任务目标

① 了解车用燃油类型和牌号规格。
② 了解汽车用润滑油材料的类型、牌号与规格。
③ 了解汽车工作液的类型、牌号与规格。

知识准备

汽车作为交通工具在道路上行驶，需要消耗燃料以提供动力。燃料通常指能够通过燃烧将自身储存的化学能转化为热能的物质。目前汽油和柴油是汽车的主要燃料。

1 车用燃料

汽油和柴油都是从石油中提炼得到，石油是埋藏在地下的天然矿产物，未经过炼制前称为原油。原油是由多种元素组成的多种化合物的混合物，主要组成元素是碳、氢、硫、氧、氮。车用燃油外观如图3-1-1所示。

图3-1-1 车用燃油

（1）车用汽油的使用性能

车用汽油使用性能的好坏，对发动机动力性、经济性、可靠性、寿命都有很大影响。车用汽油在使用过程中必须满足的基本要求是：在极短时间内由液体蒸发成气体，与空气形成良好的可燃混合气，使其快速、平稳地燃烧；汽油在油路中不挥发形成“气阻”；具有良好的抗爆性，不发生爆燃现象；在存储和使用过程中不发生明显质量变化。车用汽油的使用性能主要包括蒸发性、抗爆性、稳定性、腐蚀性、情节性。

① 蒸发性：指汽油在汽化器中蒸发的难易程度。对发动机的起动、暖机、加速、气阻、燃料耗量等有重要影响。汽油的蒸发性由馏程、蒸气压、气液比 3 个指标综合评定。

② 抗爆性：指汽油在各种使用条件下抗爆燃燃烧的能力。车用汽油的抗爆性用辛烷值表示。辛烷值越高，抗爆性越好。汽油抗爆能力的大小与化学组成有关。带支链的烷烃及烯烃、芳烃通常具有优良的抗爆性。规定异辛烷的辛烷值为 100，抗爆性好；正庚烷的辛烷值为 0，抗爆性差。汽油辛烷值由辛烷值机测定。高辛烷值汽油可以满足高压缩比汽油机的需要。汽油机压缩比高，则热效率高，可以节省燃料。提高汽油辛烷值主要靠增加高辛烷值汽油组分，但也通过添加 MTBE 等抗爆剂来实现。汽油的牌号是按辛烷值划分的。

③ 安定性：指汽油在自然条件下，长时间放置的稳定性。用胶质和诱导期及碘价表征。胶质越低越好，诱导期越长越好，国家标准规定，每 100 mL 汽油实际胶质不得大于 5mg。碘价表示烯烃的含量。

④ 腐蚀性：指汽油在存储、运输、使用过程中对储罐、管线、阀门、汽化器、气缸等设备产生腐蚀的特性。用总硫、硫醇、铜片实验和酸值表征。

⑤ 安全性：汽油安全性能的指标主要是闪点，国家标准严格规定的闪点值 ≥ 55 ℃。闪点过低，说明汽油中混有轻组分，会对汽油储存、运输、使用带来安全隐患，还会导致汽车发动机无法正常工作。

（2）车用汽油牌号

汽油按牌号来生产和销售，牌号规格由国家汽油产品标准加以规定，并与不同标准有关。目前，我国国（IV）的汽油牌号有 3 个，分别为 90 号、93 号、97 号。国（V）分别为 89 号、92 号、95 号。汽油的牌号是按辛烷值划分的。例如，97 号汽油指与含 97% 的异辛烷、3% 的正庚烷抗爆性能相当的汽油燃料。标号越大，抗爆性能越好。应根据发动机压缩比的不同来选择不同牌号的汽油，这在每辆车的使用手册上都会标明。压缩比在 8.5 ～ 9.5 之间的中档轿车一般应使用 90 号（国 IV）汽油，压缩比大于 9.5 的轿车应使用 93 号（国 IV）汽油。

高压缩比的发动机如果选用低牌号汽油，会使汽缸温度剧升，汽油燃烧不完全，机器强烈震动，从而使输出功率下降，机件受损，耗油及行驶无力。如果低压缩比的发动机用高标号油，就会出现“滞燃”现象，即压缩比最高时还不到自燃点，一样会出现燃烧不完全现象，对发动机也没什么好处。

目前市场上汽油有 90、93、97 等标号，这些数字代表汽油的辛烷值，也就是代表汽油的抗爆性，与汽油的清洁无关。所谓“高标号汽油更清洁”纯属误导。按照发动机的压缩比或汽车使用说明书的要求加油，更科学、更经济，并能充分发挥发动机的效率。

汽车发动机在设计阶段，会根据压缩比设置所用燃油的标号。压缩比是发动机的一个非常重要的结构参数，它表示活塞在下止点压缩开始时的气体体积与活塞在上止点压缩终了时的气体体积之比。从动力性和经济性方面来说，压缩比应该越大越好。压缩比高，动力性好、热效率高，车辆加速性、最高车速等会相应提高。但是受气缸材料性能及汽油燃烧爆燃的制约，汽油机的压缩比又不能太大。简单地说，高压缩比车使用高标号的燃油。燃油标号越高，油的燃烧速度就越慢，燃烧爆燃就越低，发动机需要较高的压缩比；反之，低标号燃油的燃烧速度较快，燃烧爆燃大，发动机需要的压缩比较低。

（3）车用柴油的使用性能

柴油是轻质石油产品，复杂烃类（碳原子数 10 ～ 22）混合物，为柴油机燃料，主要由原油蒸馏、催化裂化、热裂化、加氢裂化、石油焦化等过程生产的柴油馏分调配而成；也可由页岩油加工和煤液化制取。分为轻柴油（沸点范围 180 ～ 370 ℃）和重柴油（沸点范围约 350 ～ 410 ℃）两大类。广泛用于大型车辆、铁路机车、船舰。

柴油最重要的用途是用于车辆、船舶的柴油发动机。与汽油相比，柴油能量密度高，燃油消耗率低。柴油具有低能耗特点，所以一些小型汽车甚至高性能汽车有的也用柴油。

柴油不经外界引火而自然的最低温度称为柴油的自然温度。（一般柴油的自然点是在 280 ～ 300 ℃）。柴油的自然性能（是以十六烷值来表示的）：

① 良好的燃烧性：指柴油喷入柴油机燃烧室与高温空气形成均匀的可燃混合气之后，能在较短的时间内发火自燃并正常地完全燃烧的性能。十六烷值是评定柴油自燃发火性能的指标，指和柴油发火性相同的标准燃料中所含十六烷体积的百分数，是在规定的单缸柴油机（十六烷值机）中测定柴油的十六烷值高低由柴油的化学组成和馏分组成决定。

② 良好的低温流动性：直接关系到柴油机供油系统能否向喷油器正常供油的问题。低温流动性差的柴油，会造成低温下供油中断，不能保证柴油机在低温下正常工作，因此，柴油的低温流动性是柴油机能否在低温下正常工作的基本保证。

③ 良好的蒸发性：混合气形成速度就快，就能适应高速柴油机燃烧时间短的要求，容易完全燃烧，油耗低、排污少，但蒸发性过高，则会使全部柴油迅速燃烧，缸内压力急剧升高，柴油机工作会产生较高噪声和剧烈的振动，在储运和使用过程中因柴油蒸气太多而不安全。乳化柴油经过几十年国内外的研究和实践，在其性能上有了很大的发展。奥新富通乳化柴油正是在这一基础上发展起来的，在其燃烧性能和排放指标的研究上，正好达到了一个新的高度。

（4）柴油的分类与牌号

① 分类：对于石油及其加工产品，习惯上对沸点或沸点范围低的称为轻，相反称为重。一般分为轻柴油和重柴油。

柴油分为轻柴油（沸点范围约 180 ～ 370℃）和重柴油（沸点范围约 350 ～ 410 ℃）两大类。柴油使用性能中最重要的是着火性和流动性，其技术指标分别为十六烷值和凝点，我国柴油现行规格中要求含硫量控制在 0.5% ～ 1.5%。

② 牌号：同车用汽油一样，柴油也有不同的牌号。柴油按凝点分级，轻柴油有 5、0、-10、-20、-35、-50 六个牌号，重柴油有 10、20、30 三个牌号。

选用柴油的依据是使用时的温度。柴油汽车主要选用后 5 个牌号的柴油，温度在 4 ℃以上时选用 0 号柴油；温度在 4℃～ -5℃时选用 -10 号柴油；温度在 -5 ～ -14℃时选用 -20 号柴油；温度在 -14 ～ -29℃时选用 -35# 柴油；选用柴油的牌号如果高于上述温度，发动机中的燃油系统就可能结蜡，堵塞油路，影响发动机的正常工作。

❷ 汽车用润滑材料

汽车零部件的主要失效形式是磨损，由磨损带来的维修费用约占汽车使用费用总数的 25%，而汽车燃料的热能中有 10.5% 消耗在汽车各种摩擦损失中。可见，降低摩擦损失、减少磨损、延长车辆使用寿命的重要措施和有效途径就是润滑。车用润滑油如图 3-1-2 所示。

图 3-1-2 车用润滑油

（1）发动机润滑油

① 作用：发动机是汽车的动力装置。汽车在正常行驶过程中，会引起发动机零部件的磨损。为减缓零部件的磨损、延长使用寿命，保证汽车正常运行，要正确选择和使用发动机润滑油。

发动机润滑油是由石油中的重油经精制加工，并加入各种添加剂制成的。其主要作用是给发动机进行润滑、清洗、冷却、密封、防锈和减震。发动机是在高温（85~300℃）、高压、高速（润滑油在发动机内的循环次数为 100 次 /h 以上）条件下进行工作的，因此应经常检查润滑油是否变质，并及时更换。

② 工作条件。发动机工作时，活塞顶及燃烧室壁的温度在 250 ～ 500℃之间；活塞裙部从上到下在 260 ～ 175℃之间；主轴承、曲轴箱油温为 85 ～ 95℃，而发动机在启动时，其零部件的温度和环境温度接近。现代发动机功率高、重量轻，并且各运动部件单位摩擦面负荷较大。

发动机曲轴转速多在 1 500 ～ 4 800 r/min 之间；活塞运行速度高达 8 ～ 14 m/s。摩擦面形成润滑膜十分困难，活塞与气缸壁之间经常处于边界润滑状态。此外，润滑油还易受环境因素影响，随空气进入气缸的粉尘、燃烧的废气及其他残留物也对润滑油构成污染。

（2）车辆齿轮油

齿轮油是一种较高的黏度润滑油，专供保护传输动力零件，通常伴随着强烈的硫黄气味。车辆齿轮油采用性能分类和黏度分类两种方法。目前，世界各国广泛采用美国石油学会（API）性能分类和美国军用齿轮油规格标准，大多数润滑油手动变速器和差异是准双曲面齿轮油。这些含有极压（EP）添加剂和抗磨添加剂，以应付准双曲面锥齿轮的行动。车辆齿轮油如图 3-1-3 所示。

图 3-1-3　车用齿轮油

① 工作条件和使用要求。齿轮油工作时，由于齿轮工作面不断变换，温度升高不剧烈，所以它的工作温度一般为 10~80℃；其次齿轮油承受很高的压力作用。齿轮在传动时，齿之间啮合部分的单位压力高达（196~245）×10 kPa，而双曲线齿轮单位压力可达（294~392）×10 kPa。此外，齿轮油在速度变化大、回转次数多的条件下工作，因而齿轮油易于由齿间的间隙中被挤出，产生半液体摩擦。

对齿轮油的主要要求是，在齿与齿之间的接触面上，能形成连续坚韧的油膜，即具有高的油性，使传动机件之间维持有韧性的边界油层，保证传动机件磨损小和预防其擦伤；此外，齿轮油还应具有良好的黏温特性，以保证动力传动机构的摩擦损耗较小，提高传动效率，保证汽车易于起步，尤其是冬季的起动。

② 使用性能：

- 润滑性和极压抗磨性。在正常运转条件下，齿轮处于弹性流动力润滑状态，当低速高扭矩时，也就是汽车在重载下起动，爬坡或冲击载荷时，齿面接触区中有相当部分处于边界润滑状态。润滑油膜容易破裂，产生胶合与磨损，寿命缩短。良好的极压性，即在摩擦面接触压力非常高，油膜容易破裂的润滑条件下，能够防止烧结、熔焊等摩擦面损伤。极压性的改善改善必须依靠极压添加剂，它是一种分子中含有氯、硫、磷等元素的化合物，这些化合物在摩擦表面的温度达到足够高时，便与齿轮金属表面发生化学反应，生成氯化铁、硫化铁、磷酸铁薄膜，此固态膜的临界剪切强度低于基体金属，摩擦副滑动时的剪切运动就在固态膜中进行，从而防止金属表面出现胶合或擦伤。
- 热氧化安定性。车辆齿轮传动装置中的润滑油温度较高，变速器油温约 60 ～ 70℃，差速器油温在 70℃以上，一些小汽车的准双曲面齿轮差速器油温可达 120 ～ 130℃。因此，要求齿轮油有较好的热氧化安定性。
- 低温操作性。对于低温操作性，除规定倾点、成沟点和黏度指数等指标外，还特别采用了表现黏度达 150Pa • s 时的温度这一指标。在冬季严寒地区，要求汽车齿轮油在低温下保持必要的流动性，以保证轴承等零件的润滑和齿轮开始转动容易。
- 抗腐蚀性。车辆齿轮油中含有的极性添加剂都有活性基团，它与表面金属反应生成有机膜，以防止在重负荷时油膜破裂引起擦伤，增加极压性能，而活性基团又会造成铜或铜合金的腐蚀。因此，车辆齿轮油的配方必须保持平衡，兼顾极压性与腐蚀性。氧化产生腐蚀性物质加速金属的腐蚀和锈蚀，氧化生成的极性沉淀物会吸附极性添加剂，随沉淀一起从油中析出。沉淀会使橡胶老化变硬，沉淀覆盖零件表面，影响散热。车辆齿轮油的热氧化安定性很大程度上取决于添加剂组分，极压添加剂含极性基团，易受热分解，产生腐蚀性物质，也可能发生反应，产生协同或对抗效应。

- 黏度和黏温特性。车辆齿轮在正常运转条件下，齿面经常处理弹性流体动力润滑状态，此时，齿轮油的黏度对承载能力有重要影响。油的黏度高，弹性液体动力润滑膜 厚度厚，齿轮油的承载能力高，有利于齿面保护，但是黏度不是越高越好。因为，齿轮工作时搅动齿轮油，液体内摩擦生产摩擦热，会使油温升高。油温升高，具体说应满足如下要求，在最低工作温度下的最大黏度须能保证汽车不经预热可以顺利起步：在一般运行工况下齿轮油内摩擦消耗不应使所传递的功率明显下降：在最高工作温度时的黏度须保证齿轮的可靠润滑。

③ 汽车用工作液

汽车工作液是指汽车正常工作中所使用的液态工作介质。汽车工作液在汽车发动机、制动系统、传动系统以及悬架系统中得到广泛应用，对汽车的动力性、安全性和行驶平顺性都有直接影响，因此需要合理选择和正确使用。

（1）汽车制动液

① 制动液的作用。制动液又称刹车油或刹车液，是车辆液压制动系统中传递压力的工作介质。当驾驶人踩制动踏板时，从制动踏板传力至制动总泵的活塞，通过制动液传递能量到车轮各分泵，使摩擦片张开，达到停车的目的。车用制动液如图 3-1-4 所示。

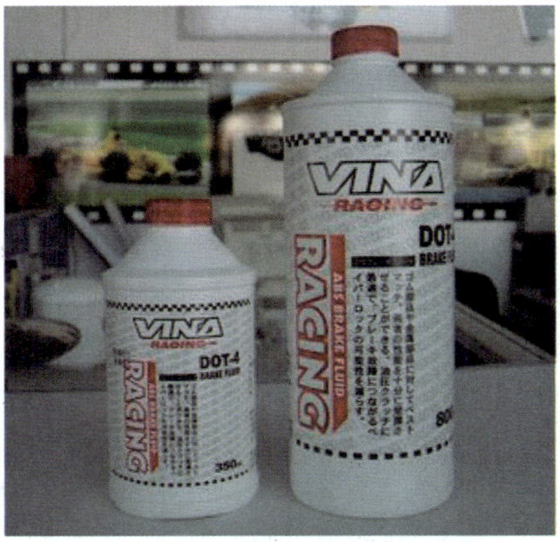

图 3-1-4　车用制动液

汽车制动液质量的好坏直接影响到汽车的行驶安全。使用质量低劣的制动液，会发生高温气阻，低温制动迟缓等故障，导致车辆制动失灵而引起交通事故。

② 制动液性能要求：

- 高温抗气阻性：指制动液在高温时抵抗气阻产生的能力。车辆在行驶时由于经常频繁制动，在制动过程中由于摩擦而产生的热会使制动液的温度显著增加，有时可达 150℃以上。如果制动液的沸点低，会在高温作用下蒸发成蒸气，使制动系统产生气阻，从而导致制动失灵。
- 低温流动性和黏温性：制动液的工作温度很宽，冬季接近最低气温，而在制动时由于摩擦发热可使制动系统工作温度达 70~90℃，有时高达 150℃。为保证制动液在低温下制动油缸活塞能随踏板的动作灵活移动，在高温时又有适宜的黏度，不影响油缸的润滑和密封，要求制动液有良好的低温流动性和黏温性。
- 抗腐蚀性：指制动液对金属零部件不产生腐蚀而导致制动失灵的现象。制动系统中传动装置多数采用铸铁、铜、铝等金属制成，长期与制动液接触，极易产生腐蚀，使制动失灵。为减少对金属的腐蚀，在制动液使用技术条件中，要求制动液能通过金属腐蚀试验。其方法是将镀锡铁皮、铸铁、黄铜、纯铜、钢和铝等金属片，置于温度在 100℃的制动液中浸泡 120 h 后，观察其质量变化，要求不超过各自的规定值。
- 溶水性：指制动液吸水后还能与水相溶，不产生分离和沉淀。车辆在频繁制动时制动液难免与空气接触，这样空气中的水分就会被制动液所吸收，如果这些水分不被制动液溶解，将会对金属零部件产生一定的腐蚀，并且这些水分还会随工作温度的变化而变化。在较低的温度下会结冰，而在高温下会蒸发形成蒸气从而导致制动性能差。要求制动液能将这些水分溶解。

（2）汽车防冻液

① 作用：防冻液实际上就是冷却液。它是由降冰点剂、缓蚀剂、消泡剂、着色剂、防腐剂和缓冲剂等多种添加剂调和而成的。水在应急时可以做冷却液，但水的冰点较高，在 0℃时就会结冰，会导致气缸体、散热器等破损，水还易生成水垢，影响传热效果。

汽车防冻液用于发动机的冷却系统，它具有冬季防冻，夏季防沸，全年防水垢和防腐蚀等优点。汽车防冻液如图 3-1-5 所示。

图 3-1-5　汽车防冻液

② 性能要求：

- 较低的冰点：冰点是评定防冻液性能的基本指标。冰点越低，其防冻效果就越好。选择防冻液时，其冰点应低于当地最低温度 10℃以上。
- 较高的沸点：标准防冻液的沸点在 110℃以上，这样在温度较高环境工作时就不易开锅，从而保证车辆在满载、高负荷、高速或山区，以及炎热的夏季都能正常行车。另外，沸点越高的防冻液其蒸发损失就越小。

（3）液力传动油

液力传动油又称汽车自动变速器油（ATF）。通用型液力传动油呈紫红色，有些呈淡黄色，它是汽车自动变速器和助力转向系中的工作介质。它不仅对自动变速器起到传递动力的作用，而且还对齿轮、轴承等起润滑和冷却的作用，同时在伺服机构中起着液压自动控制的作用 。液力传动油如图 3-1-6 所示。

图 3-1-6　液力传动油

性能要求：

- 适宜的黏度及良好粘温性。液力传动油的黏度对变矩器的传动效率影响很大。一般黏度越小，其传动效率越高。但黏度过小会导致液压系统的泄漏增加和换挡迟缓等故障；黏度过高，则会降低其传动效率，而且低温起动困难。为了兼顾上述两方面对液力传动油黏度的不同要求，保证良好的润滑和使用效率，液力传动油应有适宜的黏度、良好的黏温性。
- 良好热氧化安定性。由于液力传动油使用温度较高，高速行驶的轿车其液力传动油的温度为 80~90℃，在苛刻条件下运行时最高油温可达 150~170℃，此时若液力传动油的热氧化安定性不好，当油温升高时则会形成油泥、漆膜和沉淀物等，影响自动变速器的性能，甚至会堵塞滤清器、油路等，造成摩擦片打滑和控制系统失灵等严重后果。因此，应在液力传动油中加入性能良好的抗氧化剂，以提高液力传动油的热氧化安定性。
- 良好的抗泡沫性。液力传动油在高速流动中极易产生泡沫，泡沫会使油压降低，影响控制的准确性，破坏正常润滑，导致离合器打滑和烧坏等故障。为了防止泡沫的产生，油中要加入抗泡沫添加剂，以降低油表面张力，使气泡迅速从油液中溢出。

（4）空调制冷剂

① 作用：汽车空调制冷系统使用的制冷剂主要有 R12 和 R134a 两种。R 是英文 Refrigerant（制冷剂）的第一个字母。汽车空调制冷剂最早广泛使用的是 R12，R12 属于氟利昂系制冷剂。特点是：蒸发潜热大、易液化，对金属、橡胶的腐蚀性小，无毒且不易燃烧，但遇火会产生有毒物质。加注空调制冷剂如图 3-1-7 所示。

图 3-1-7 加注空调制冷剂

由于 R12 制冷剂会严重破坏大气臭氧层，引起严重的环保问题，目前世界各国都已禁止使用，取而代之的是 R134a 制冷剂。R134a 制冷剂的特点是沸点较低、蒸发潜热高于 R12 制冷剂、传热性能好，但其中水分含量高，管路压力高、温度及负荷大。用 R134a 制冷剂代替 R12 制冷剂后，空调系统的输入功率和制冷量都有明显的提高，而且占用面积也有所减少，从而证明 R134a 制冷剂是一种最为理想的代用品。

② 使用注意事项：

- 在储存和使用过程中应尽量避热。制冷剂极易蒸发，在储存时应尽量避开阳光直射、火炉及其他热源，添加制冷剂时应在低温下进行。
- 应尽量避免与皮肤接触。因为制冷剂在大气压力下会急剧蒸发制冷，极易冻伤皮肤，在加注制冷剂时，要避免接触皮肤和进入眼睛。
- 加注制冷剂时要选择通风良好的环境。因为制冷剂排到大气中会造成氧气浓度急剧下降，严重时会使人窒息，因此在检查及填充时要在通风良好的环境下进行。
- 不得混合使用制冷剂。

4 桑塔纳 2000 型轿车加注油液规格

（1）燃油

燃油必须使用 RON90 号（研究法辛烷值）以上汽油。加油口位于后翼子板的小盖内，加油时，用钥匙打开油箱盖，将加油嘴全部插入油箱加油口。油箱容量约 60 L。

（2）机油

① 机油的作用。发动机机油具有润滑、密封、冷却和清洁发动机机械零件的作用。

② 定期更换机油的目的。机油在使用过程中受高温、高压，以及与燃烧中的混合气接触都会产生变质，即使没有使用它也会缓慢地变质。

由于机油对发动机内部零件有清洁作用，它自身会变质、变黑、变脏，不能起到机油的全部作用。这样会导致发动机磨损加快，甚至损坏发动机。

对于已经变质的机油，只能更换，不能补充添加，因为大部分机油已经变质、变黑、变脏。

由于没有简单可行的方法判断机油是否变质，因此只能采用定期更换的方法。大多数汽车每 5 000 km 或半年（以先到为准）更换机油。

必须使用 API（美国石油学会）标号 SF 级或 SG 级的机油或改良润滑油（VW50000）。也可选用上海炼油厂的海牌 2288 润滑油或上海大众汽车公司监制的桑塔纳轿车 LG000600A4 发动机专用机油。不可选用其他型号的机油及劣质机油，不可混合使用不同牌号的机油。

当更换机油时，可根据图 3-1-8 所示环境温度，选择合适的机油黏度级别。当环境温度短时间内超过原机油的使用范围时，可以不更换机油。

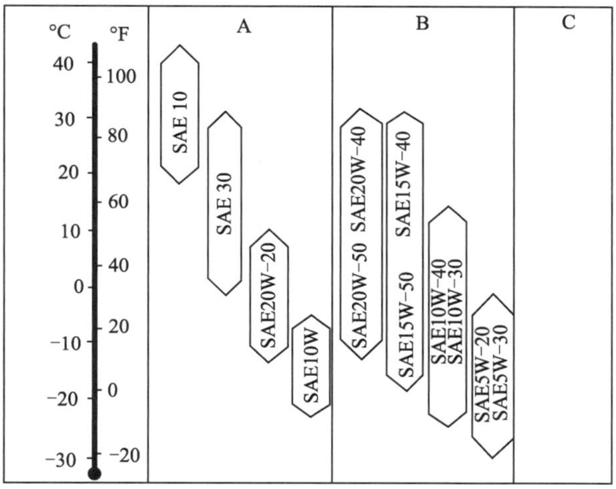

图 3-1-8　发动机机油的选择

A—单标号机油；B—多标号机油；C—改良润滑机油

当使用单级机油 SAE10W 或多级机油 SAE5W-20、SAE5W-30 时，不要在节气门全开时长时间运行，特别是当环境温度高于图 3-1-8 所示温度范围时。

发动机机油油面应经常检查，保持机油油面位于机油尺 MAX（最高）及 MIN（最低）两个标记之间。

汽车每行驶 7 500 km 定期更换发动机机油。如果汽车连续在多尘地区，以及气温低于 -20℃的寒冷地区行驶，发动机机油的更换周期应相应缩短。

（3）变速器齿轮油

变速器齿轮油标号为 API-GL5、SAE75W90，应按维护周期的规定检查变速器齿轮油油面高度。

（4）自动变速器油

自动变速器的行星齿轮减速器应加注大众专用 VW ATF，配件号为 G052

162 A1（0.5 升桶装）或 G052 162 A2（1 升桶装）。主减速器的润滑油标号为 SAE75W90，其配件号为 G052 145 A1（0.5 升桶装）或 G052 145 A2（1 升桶装）。

变速器油液的选用：

① 手动变速器油：

- 齿轮油的作用：齿轮油有高的黏性指标和质量，可以承受齿轮啮合时产生的高压力。齿轮油按其用途分类，如用于变速器、差速器或手动转向机构等的齿轮油。
- 齿轮油的分类：齿轮油和发动机机油一样也是按照其黏度（SAE 分类）和质量评估（API 分类）分类。
  - 按 SAE 黏度分类：齿轮油根据黏度指数分为 75W、80W、85W、90 等。号数越大，黏度越高。在汽车中实际使用的齿轮油是 75W-90 和 80W-90。
  - API 质量等级：考虑到不同类型齿轮的润滑要求，齿轮油按照其极端抗压力性来分类。各等级润滑油及其使用情况如下：

GL-3：用于变速器和转向齿轮及螺旋伞齿轮差速器。

GL-4：用于比 GL-3 要求更高的高速、低力矩或低速高力矩条件。

GL-5：准双曲面齿轮油的优势在于能承受极端压力。它能承受强冲击负荷和高滑动速度。

② 自动变速器油的选用：

- ATF 的作用：自动变速器油起着传递动力、润滑机件、液压控制等作用。
- 对自动变速器油的要求：
  - 工作温度要求：工作温度范围 -25℃～170℃，在这样大的范围内黏度都不应有太大变化。
  - 良好的热氧化安定性。
  - 良好的抗泡沫性和抗磨性。
- ATF 的规格。自动变速器油必须使用按照原厂规定的牌号与规格。它与发动机机油、制动液等可作为横向通用产品不同，没有一种自动变速器油可以适应所有大公司的自动变速器。常见车型所选用的 ATF 液如表 3-1-1 所示。

表 3-1-1　常见车型所选用的 ATF 液

车　型	变速器型号	自动变速器油规格
大众	01N/01M/01V	VW ATF(淡黄色)
丰田	AISIN 81-40LE	T-IV
通用凯越	ZF 4 HP 16	ESSO LT 71141 或 TOTAL ATF H50235

（5）冷却液

汽车出厂时，冷却系统中已经加注了可永久使用的冷却液。

① 检查冷却液液面。发动机应处于冷态时，冷却液液面应在膨胀箱上 MIN 和

MAX 两个标记之间。当冷却液液面过低时，冷却液液面信号灯会连续闪烁。

② 加注冷却液。可选用型号为 N052 774 BO 或改进型冷却液 N052 774 CO 的冷却液。也可选用上海研究所生产的利达牌 FDF-IVW 防冻液或中国科学院上海有机化学研究所生产的冷却液。

出厂时加入冷却系统的冷却液，其防冻的温度可达 -25℃（G11 防冻剂约 40%，水约 60%）。为保证足够的防冻能力，在寒冷季节来临前及时检查冷却液，必要时添加 G11 添加剂（未经稀释的）。

在需要的更强的防冻能力时，可以提高 G11 添加剂的比例，但最高不得超过 60%（防冻温度大约为 -40℃），否则反而会使防冻性能降低，并影响冷却效果。寒冷地区的汽车防冻能力通常为 -35℃（G11 防冻剂约 50%，水约 50%）。

（6）制动液

选用制动液时，应选用上海大众汽车有限公司所规定的制动液型号 N052 766 XO。

制动液储液罐内的制动液液面应始终保持在 MAX 与 MIN 两个标记之间。制动液液面由于汽车制动摩擦片磨损而自动调节后略有下降是完全正常的。但液面不能低于 MIN 标记。如果制动系统信号灯发亮，则表明制动系统出现故障，应立即找出故障原因并予以排除。

① 制动液的成分。制动系统使用了大量橡胶零件，如皮碗、套管、软管等。因此，制动液由非石油类液体组成，主要是乙二醇与乙醚和不影响橡胶和金属的酯类构成。制动液也用于液压离合器。

② 工作要求。制动液是在液压制动系统中传递制动力的液体，如图 3-1-9 所示。对汽车制动液的性能要求是：黏温性好（黏度随温度变化小）、凝固点低，低温流动性好；沸点高（高温下不产生气阻），使用中品质变化小，并且不会引起金属件和橡胶件的腐蚀和变质，吸湿性低。

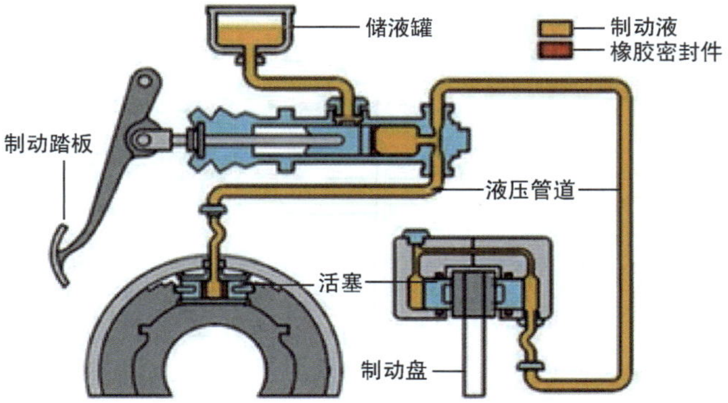

图 3-1-9 制动液的用途

③ 制动液的类型：

- 沸点：也称为干点，是水含量为 0% 时的沸点。
- 湿沸点：也称吸湿沸点，是水含量为 3.5% 时的沸点。

美国联邦机动车辆安全标准（FMVSS）以制动液的沸点为基础将制动液分为 4 种。各种制动液的沸点和湿沸点范围如表 3-1-2 所示。

表 3-1-2　各种规格制动液的沸点和湿沸点

项目＼类型	DOT3	DOT4	DOT5	SAE J1702（极冷区域）
干沸点 /℃（°F）（新制动油的沸腾点）	205（401）或更多	230（446）或更多	260（500）或更多	150（302）或更多
湿沸点 /℃（°F）（湿沸点是指经过 2 年使用后含水 3.5% 的沸点）	140（284）或更多	155（311）或更多	180（356）或更多	—

④ 制动液的选用：应该按照制动器结构和工作温度的极限值进行选择。在目前的技术经济条件下，中 / 小型乘用车上绝大多数是用 DOT3、DOT4 型制动液。桑塔纳 2000 型轿车维护用油、液规格如表 3-1-3 所示。

表 3-1-3　桑塔纳 2000 型轿车维护用油、液规格

项目＼维护用油、液	规　　格	使用温度范围 /℃	容量 /L
发动机机油（必须是使用 API 标号 SF 级或 SG 级机油或改良润滑油）	单级 SAE10W SAE20W SAE30W SAE40W	-25 ～ -5 -15 ～ +10 -5 ～ +30 +25 ～ +40	2.3（不换机油滤芯） 3.0（换机油滤芯）
	双级 SAE5W-20/30 SAE10W-30/40 SAE15W-40/50 SAE20W-40/50	-30 ～ -5 -25 ～ +15 -20 ～ +30 -15 ～ +30	
	VW50000		
发动机冷却液	NO52774BD 添加剂＋水 NO52774CD 添加剂：水（体积比） 40%:60% 或 50%:50%	-25 -30	6.0
变速器齿轮油	API-GL5，SAE75W90		2.0
自动变速器　行星齿轮减速器	VW ATF		5.5（首次加入量） 约 3.5（更换）
自动变速器　主减速器	SAE75W90		0.75（首次加入量） 不用更换

续表

项目 \ 维护用油、液	规　　格	使用温度范围/℃	容量/L
制动装置制动液	NO52766×0		2.5（不带 ABS） 3.0（带 ABS）
转向装置液压油	PEN POSIN CHF IIS　PL-VW52146		加注到储存罐高标记处

任务训练

1. 写出下列汽车用油液名称及作用。

部件名称＿＿＿＿＿＿＿＿＿＿
作用＿＿＿＿＿＿＿＿＿＿＿＿

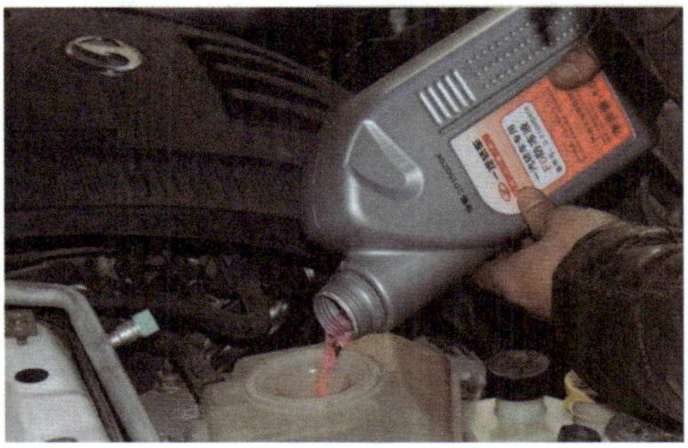

部件名称＿＿＿＿＿＿＿＿＿＿
作用＿＿＿＿＿＿＿＿＿＿＿＿

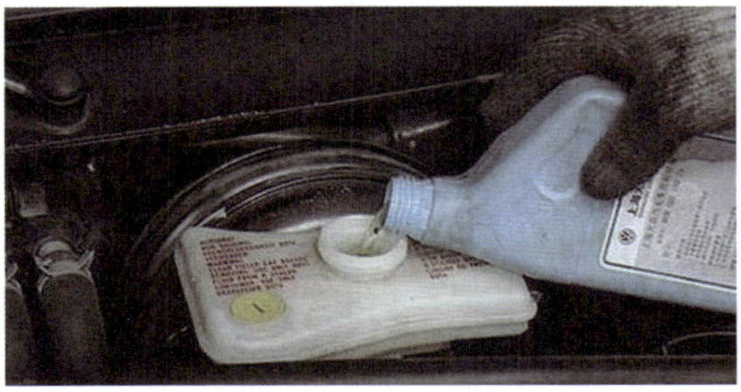

部件名称＿＿＿＿＿＿＿＿＿＿
作用＿＿＿＿＿＿＿＿＿＿＿＿

部件名称＿＿＿＿＿＿＿＿＿＿
作用＿＿＿＿＿＿＿＿＿＿＿＿

部件名称________________
作用____________________

部件名称________________
作用____________________

部件名称________________
作用____________________

2. 写出汽车使用过程中应用到的油液有哪些，各自的功用是什么。

笔记及心得：

任务二 汽车使用认知

汽车从诞生至今，已经经历了一百多年的历史。汽车功能的不断进步，使人们的出行越来越轻松便捷。汽车上所使用的功能也越来越多，尤其是中控台上的相关操作面板，各种功能的开关在中控台布置。在使用过程中，正常使用相关功能的开关，能够有效提高驾驶乐趣。

任务目标

① 了解汽车灯光系统的组成和作用。

② 掌握汽车灯光系统的操作方法。

③ 能按要求检查安全带、座椅、电动车窗、喷淋装置和反光镜的性能。

④ 能判断车内设备的好坏。

⑤ 能操作、检查各品牌汽车的车内设备。

知识准备

1 灯光系统的检查与操作

以桑塔纳轿车灯光系统的检查和操作为例，操作步骤如下：

（1）灯光组合开关

灯光组合开关的操纵，如图 3-2-1 所示。

① OFF（关闭）：所有灯均处于关闭状态。

②  挡：停车灯、尾灯、牌照灯和仪表板灯亮起。

③  挡：近光灯及上述所有灯均亮起。

（2）转向信号灯

转向信号灯的操纵，如图 3-2-2 所示。

① 右转：将转向信号（灯）操纵杆完全推向上方。

② 左转：将转向信号（灯）操纵杆完全推向下方。

转向完成后，转向信号（灯）将自动关闭，操纵杆也将恢复原位。

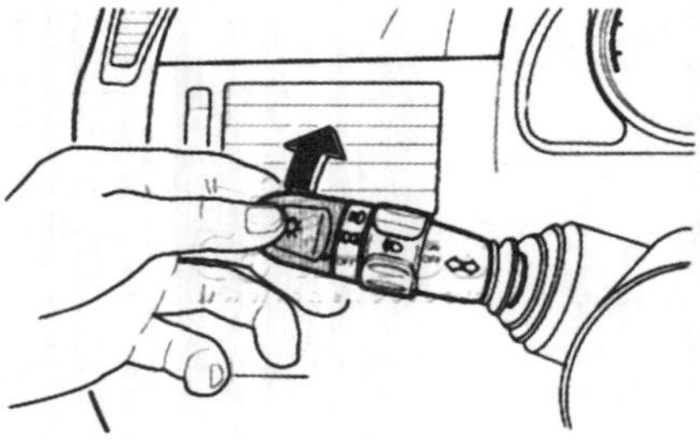

图 3-2-1　灯光组合开关

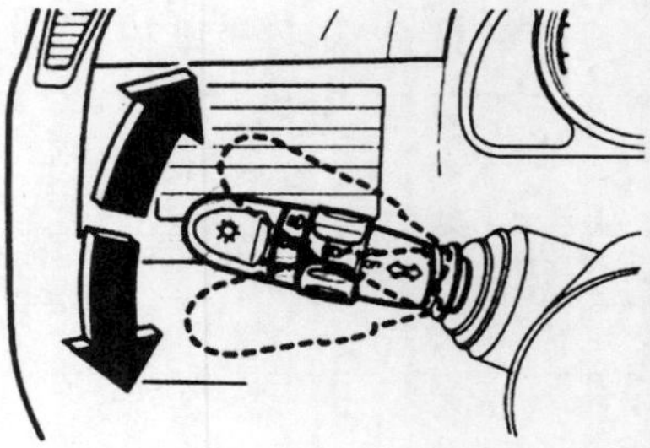

图 3-2-2　转向信号（灯）操纵杆

（3）变光开关

变光灯开关，如图 3-2-3 所示。

① 打开远光灯。将组合开关操纵杆朝仪表板的方向推，此时，前照灯远光指示灯亮起。

② 回复近光。将组合开关操纵杆朝上推，前照灯远光效果即切换为近光效果。

③ 变光。向上抬起组合开关操纵杆，则远光灯闪烁；松开时自动切换为近光。

（4）前雾灯的操作

前雾灯的操作，如图 3-2-4 所示。

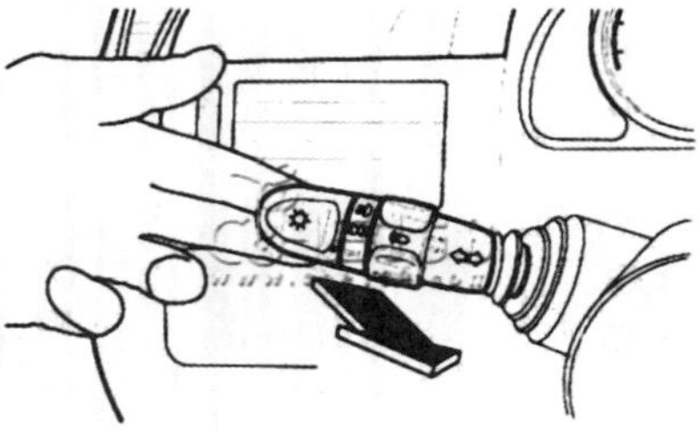

图 3-2-3　前照灯变光

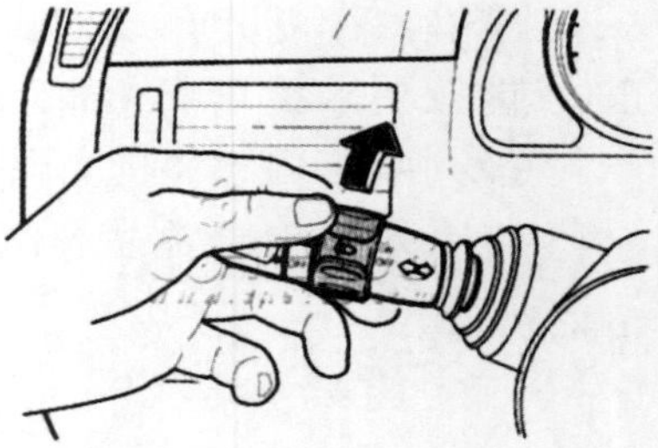

图 3-2-4　前雾灯开关

① 确保前照灯处于近光状态。

② 将组合开关操纵杆中间的环形开关旋转至 ON（开）的位置。

③ 打开前雾灯后，仪表板上的前雾灯指示灯就会亮起。

④ 将环形开关旋转至 OFF（关）的位置，关闭前雾灯。

（5）后雾灯的操纵

后雾灯的操纵，如图 3-2-5 所示。

① 前照灯处于近光或远光照明状态。

② 旋转风窗玻璃刮水器 / 洗涤器操纵杆末端，前雾灯处于打开状态。

③ 打开后雾灯时，仪表板上的后雾灯指示灯亮起。

④ 再次旋转风窗玻璃刮水器 / 洗涤器操纵杆，或关闭前大灯开关，则同时关闭后雾灯。

（6）风窗玻璃刮水器

风窗玻璃刮水器操作，如图 3-2-6 所示。

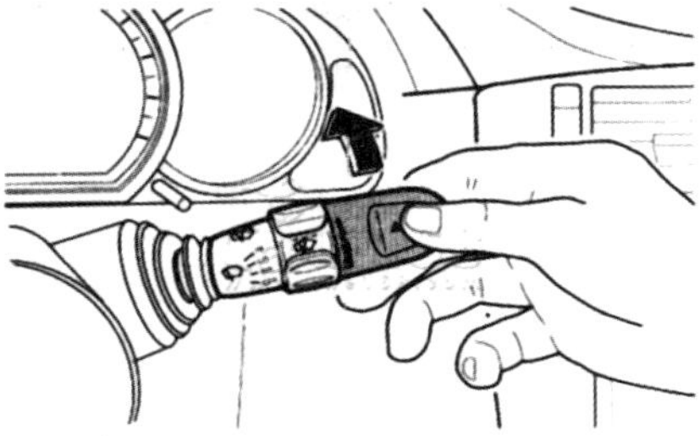

图 3-2-5　后雾灯开关

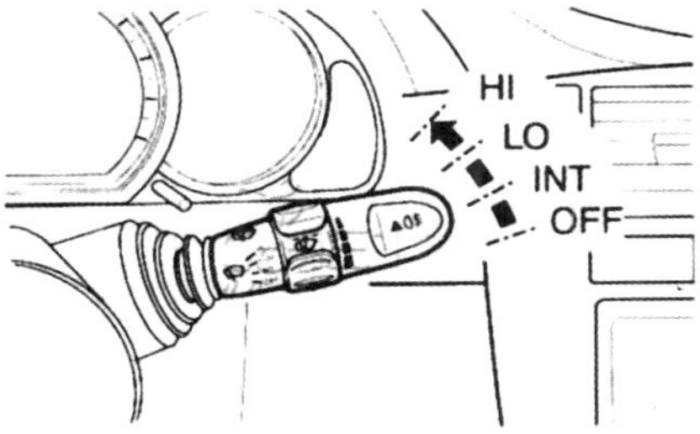

图 3-2-6　风窗玻璃刮水器

① 使用风窗玻璃刮水器，先打开点火开关，再将刮水器 / 洗涤器操纵杆向上推。

② OFF（关闭）：关闭。

③ INT（间歇）：间歇式刮动状态（上下转动箍圈，选择理想间歇时间）。

④ LO（低速）：低速持续刮动状态，将操纵杆向上推两下。

⑤ HI（高速）：高速持续刮动状态，将操纵杆向上推三下。

（7）风窗玻璃洗涤器

风窗玻璃洗涤器操作，如图 3-2-7 所示。

① 往风窗玻璃上喷洒清洗液。

- 打开点火开关。
- 将风窗玻璃刮水器 / 洗涤器操纵杆拉向自己。

② 拉住操纵杆的时间不大于 0.6 s，清洗液喷洒到风窗玻璃上（风窗玻璃刮水器不刮动）。

③ 若拉住操纵杆超过 0.6 s：

- 清洗液喷洒到风窗玻璃上。
- 风窗玻璃刮水器刮动数个循环。

（8）危险警告灯

危险警告灯开关操作，如图 3-2-8 所示。

① 以下情况可使用危险警告灯：

a．警告他人有危险。

b．当车辆遇交通险情时。

② 无论点火开关处于 ON（开）或 OFF（关）状态，都可使用危险闪烁功能。

③ 要启动危险警告灯，按下危险警告灯按钮。

④ 关闭时，再次按该按钮。

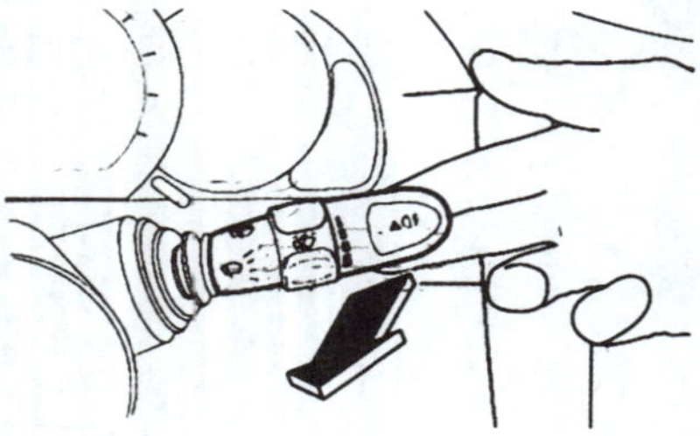

图 3-2-7 风窗玻璃清洗

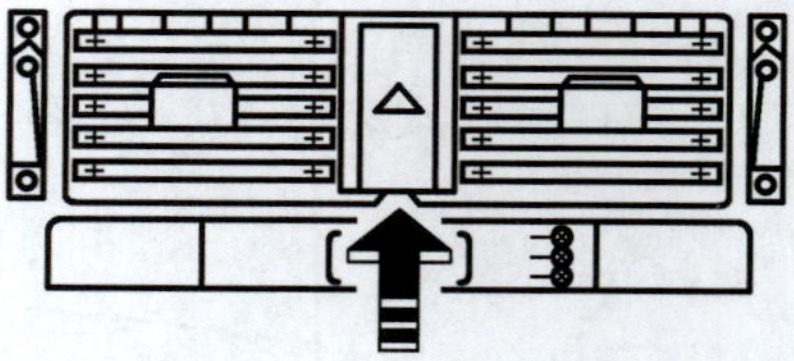

图 3-2-8 危险警告灯开关

（9）后风窗玻璃除霜开关

后风窗玻璃除霜操作，如图 3-2-9 所示。

① 使用除霜器时，先起动发动机。

② 按后窗和后视镜除霜器按钮，指示灯会亮起。约 10 min 后，除霜器会自动关闭。

③ 要关闭除霜器，再次按下按钮。

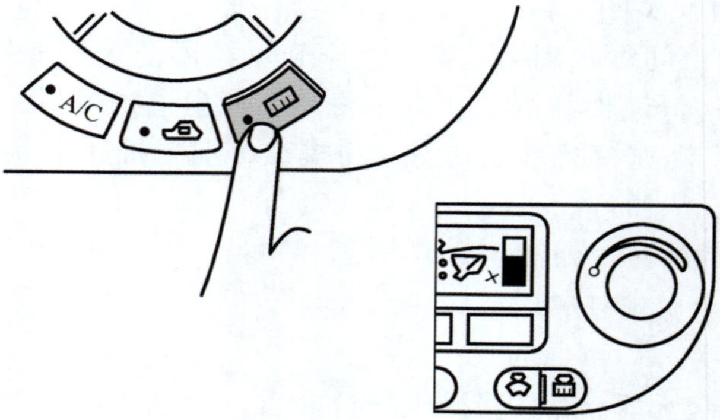

图 3-2-9 后风窗和后风窗玻璃除霜按钮

② 车内设备的检查

（1）座椅

① 座椅的作用。除了支撑乘员外，座椅还起到缓冲路面冲击的作用，其结构如图 3-2-10 所示。

② 座椅的调整功能。座椅具有多种调节功能，确保乘员舒适，使乘员在长途驾驶时疲劳降到最低限度。座椅的调节功能，如图 3-2-11 所示。

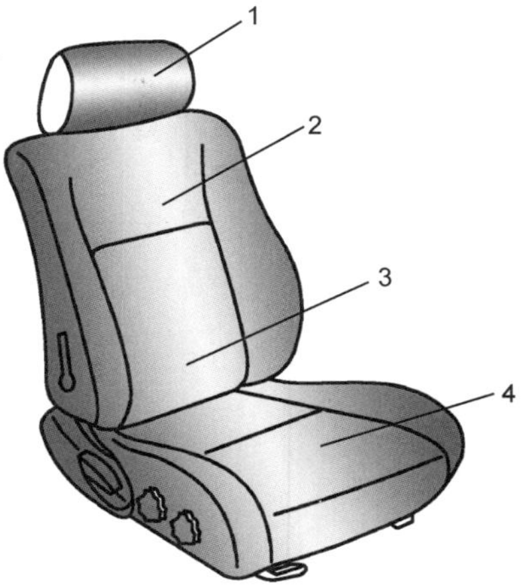

图 3-2-10 驾驶座椅结构

1— 头枕；2—座椅靠背；3—腰部支撑；4—座椅软垫

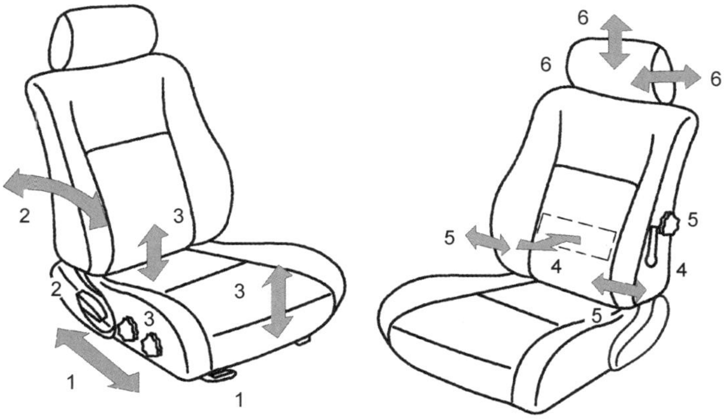

图 3-2-11 座椅的调节功能

1—滑动调节器；2—倾斜调节器；3—垂直调节器；4—腰部支撑物调节器；
5—侧边支撑物调节器；6—头枕调节器

- 座椅的前后调节。通过安装在座位下面的滑动调节杆来调节座位的纵向位置，如图 3-2-12 所示。
- 靠背的倾斜调节。通过倾斜调节器调节靠背的前后角度，如图 3-2-13 和图 3-2-14 所示。
- 座垫高度的调节。通过垂直调节器能使整个座垫上下移动。
- 腰部调节。通过对腰部支撑物调节器的调节，调节靠背的腰部区域支撑物位置以便能够在长距离驾驶时减少驾驶人的疲劳。

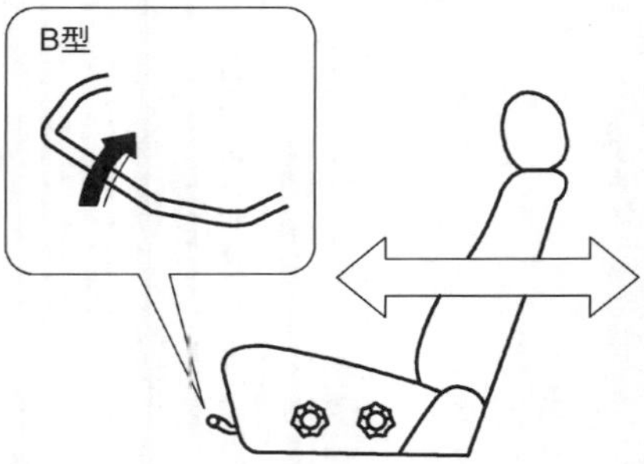

图 3-2-12 座椅前后调整

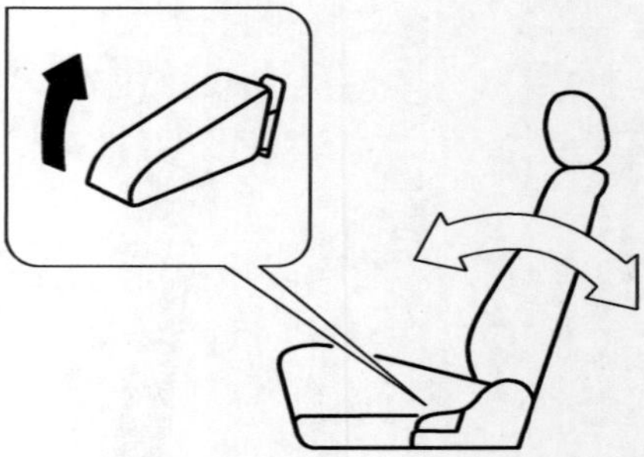

图 3-2-13 椅背倾斜调整

- 侧边支撑物调节。可以在拐弯时，调整靠背侧边支撑物的宽度和驾驶人身体支撑物的数量。
- 头枕的调节。使用头枕调节器来调节头枕的位置，以适应驾驶人的形体和姿态。使头枕能保护驾驶人在车尾受到碰撞的情况下，头部不受到撞击。有些类型的调节器可上下调节；有些既能上下调节，也能前后调节，如图 3-2-15 所示。

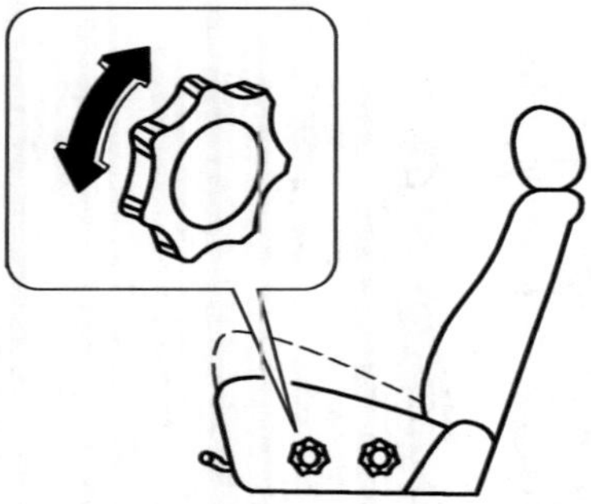

图 3-2-14 座椅底座倾斜调整

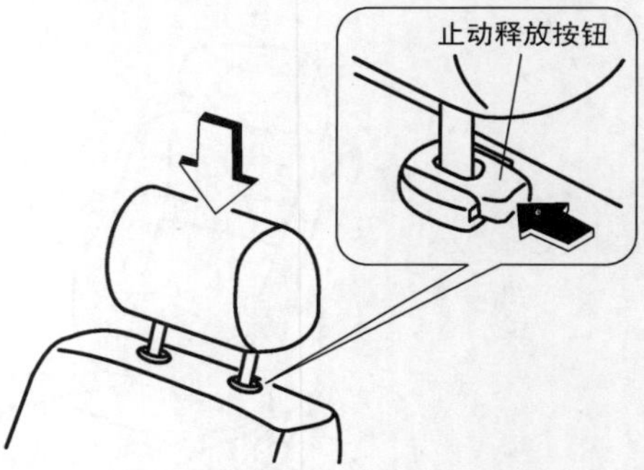

图 3-2-15 头枕的检查

（2）安全带的检查

安全带的检查，如图 3-2-16 所示。

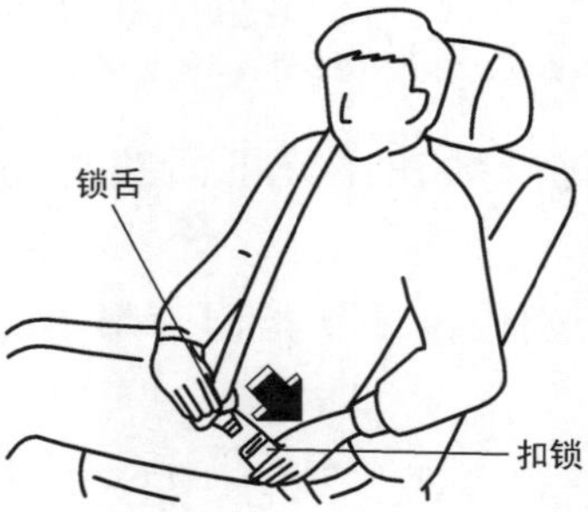

图 3-2-16 安全带的检查

① 抓住扣锁和锁舌。

② 快速向下拉，应即刻锁住。

③ 慢慢拉出腰部 / 肩部安全带。

④ 将锁舌插入扣锁，应该能听到“咔嗒”响声。

⑤ 确定肩带和身体贴合良好。

（3）转向盘

转向盘可以根据驾驶人意向，改变前轮方向的零件位置。维修项目应包含对转向盘空行程的检查。转向盘的结构，如图 3-2-17 所示。

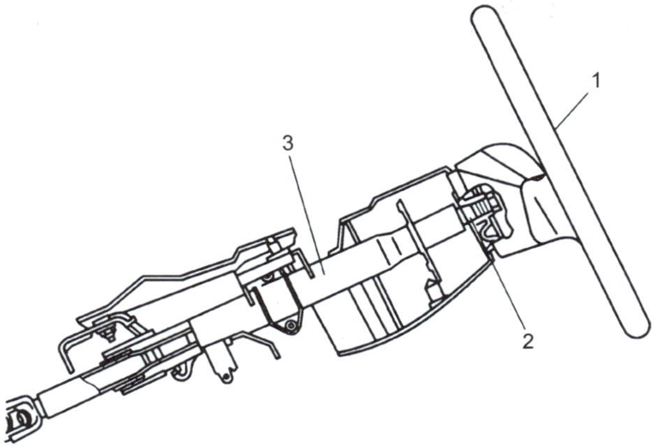

图 3-2-17　转向盘的结构

1—转向盘；2—主转向轴；3—转向柱管

① 转向盘调节装置：

- 倾角可调式，如图 3-2-18（a）所示。驾驶人根据自己的体格和爱好来调节转向盘的垂直角度。
- 可伸缩式，如图 3-2-18（b）所示。驾驶人根据自己的体格和爱好来纵向移动转向盘。
- 带碰撞缓冲机构式，如图 3-2-18（c）所示。如果在碰撞情况下转向盘受到较强的冲击时，主轴和转向柱管可通过收缩变形来缓冲冲击能量。

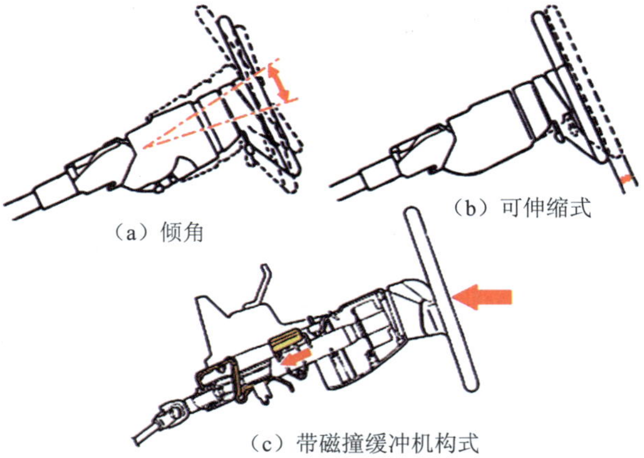

（a）倾角　（b）可伸缩式　（c）带磁撞缓冲机构式

图 3-2-18　转向盘调节装置示意图

② 转向锁定机构：这是个防盗装置，在点火钥匙拔出后，可把主转向轴锁住在转向柱管上，使转向盘不能转动，其结构如图 3-2-19 所示。

图 3-2-19　转向锁定机构的结构

1—点火钥匙；2—锁；3—主转向轴

（4）电动车窗

① 电动车窗的使用：可在点火开关打开的情况下，通过每个车门面板上的电动车窗开关来使用电动车窗。当电动车窗达到想要的位置时，释放开关。

- 要使车窗升高，向上提开关，如图 3-2-20 所示。
- 要使车窗降低，向下按开关。

② 自动开启：驾驶人一侧车窗具有自动开启的功能。

- 要开启车窗，按住开关到底，然后再释放开关，如图 3-2-21 所示。车窗将自动开启，直到完全打开，如想终止车窗下降，再次按下开关。

想使车窗升高，拉住开关向上拔，若使此过程终止，释放开关。

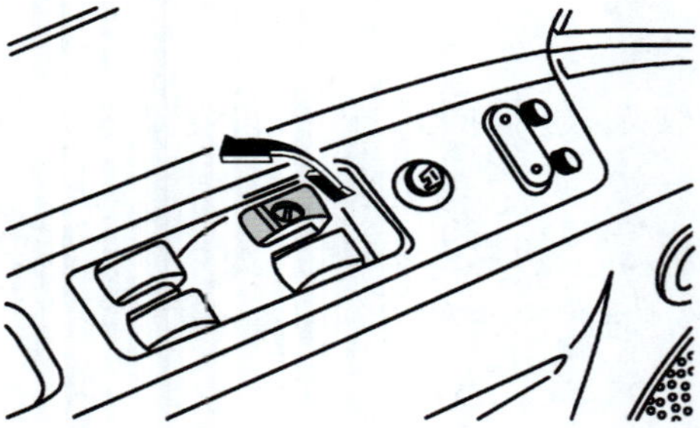

图 3-2-20　电动车窗

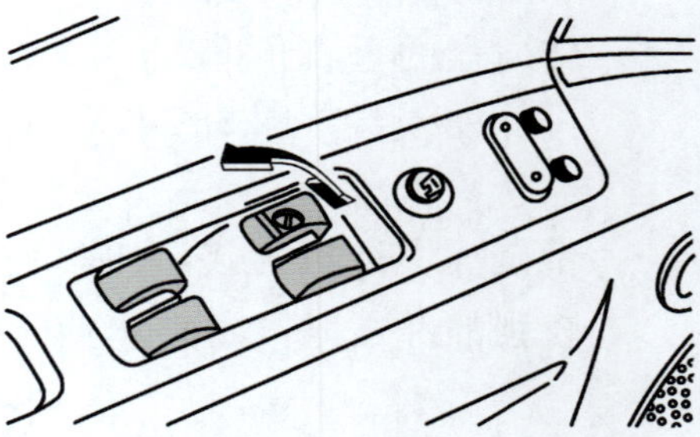

图 3-2-21　自动开启

③ 电动车窗锁定按钮：可锁定后车窗及前排右乘客车窗按钮如图 3-2-22 所示，该按钮锁定时，后车窗和前排右乘客车窗仅可通过驾驶人车窗控制面板来操纵。

（5）电动外后视镜

可以利用位于驾驶人侧车门上的后视镜开关向上、向下、向左或者向右调整外部后视镜，如图 3-2-23 所示。

欲调整后视镜，点火开关必须位于打开位置。移动选择器开关上的左手后视镜或者右后视车镜标志，选择想调整的后视镜。利用后视镜调整衬垫上的相应边缘向上、向下、向左或者向右调整所选择的后视镜。

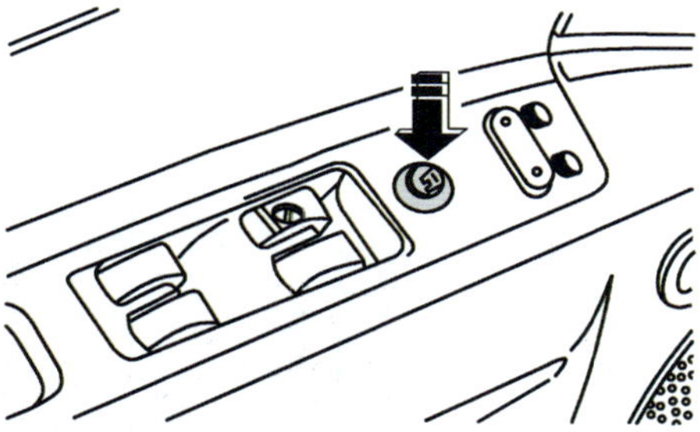

图 3-2-22　电动车窗锁定按钮

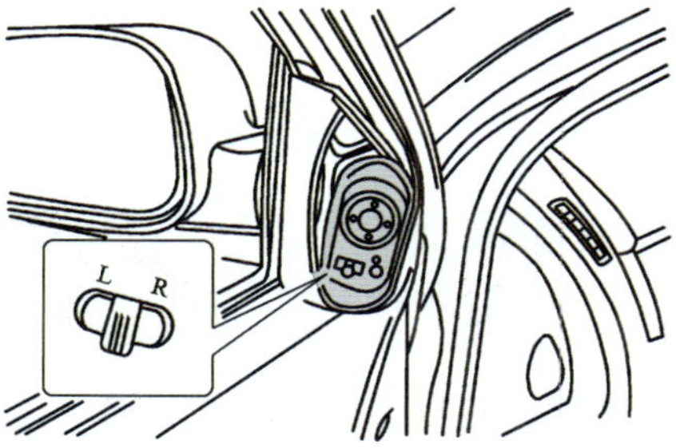

图 3-2-23　电动外后视镜

（6）喷淋装置

喷淋装置的检查，如图 3-2-24 所示。

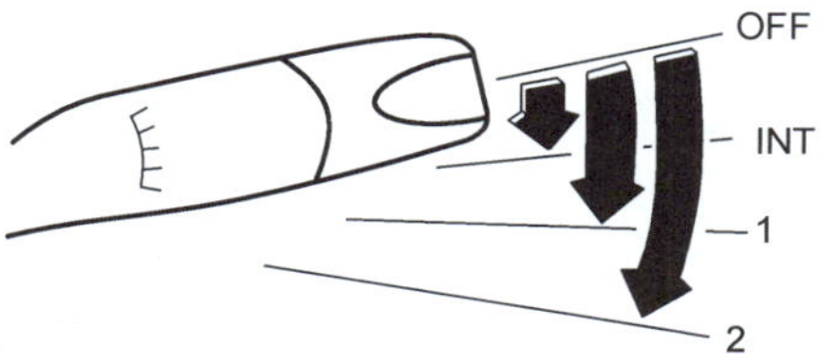

图 3-2-24　喷淋装置的检查

INT—间歇刮水；1—常速刮水；2—快速刮水

① 风窗刮水器的检查：

- 点火开关处于 ON 位置。
- 将控制杆向下拉，即可打开风窗刮水器。
- 将控制杆向上推至 MIST 位置，然后松开，可完成一次刮水循环。

② 风窗玻璃洗涤器的检查：

- 向上拉住控制杆即可喷出洗涤液。
- 在 OFF 或 INT 位置，会激活刮水器直至松开控制杆为止。
- 检查洗涤液的喷淋位置，应该位于图 3-2-25 所示位置。如果位置不对，应检查喷孔。
- 检查刮水片清洁程度，应无明显水痕。否则，应更换刮水片。

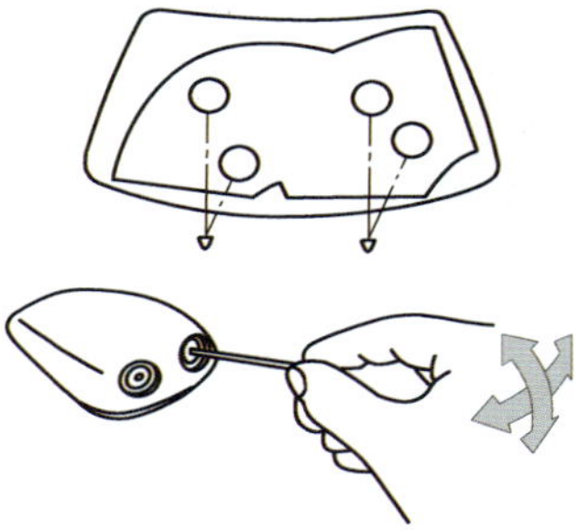

图 3-2-25　洗涤液的喷淋位置

任务训练

1. 写出下列汽车使用中应用到的部件名称及作用。

部件名称________________

作用________________

部件名称________________

作用________________

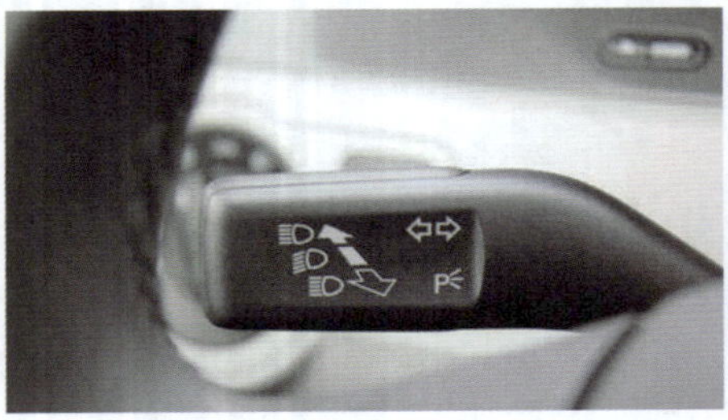

部件名称________________

作用________________

部件名称________________

作用________________

部件名称________________

作用________________

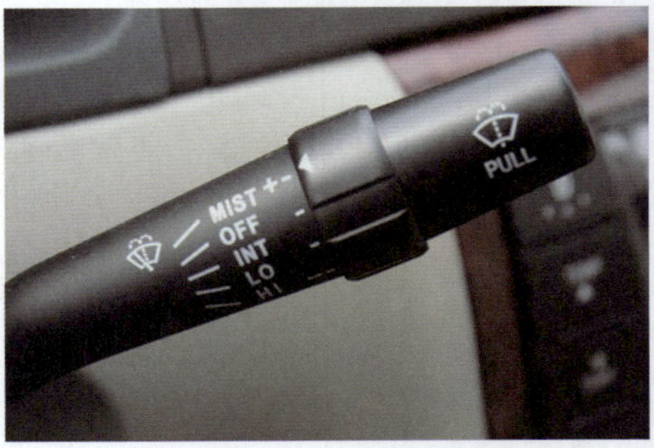

部件名称________________

作用________________

部件名称________________

作用________________

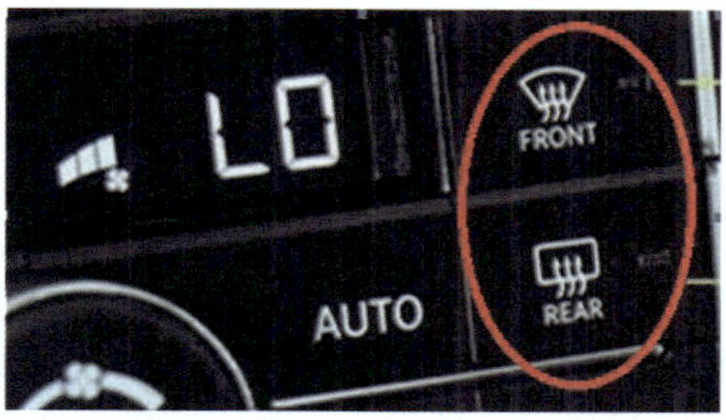

部件名称________________

作用________________

部件名称________________

作用________________

部件名称________________

作用________________

2. 写出汽车使用过程中的部件有哪些，并写出该部件的功用。

笔记及心得：

任务三 汽车维护认知

随着我国汽车工业的高速发展，汽车保有量的增多，汽车技术的日趋成熟，新的养车理念“三分修，七分养”正在被广大车主接受。汽车随着其运行里程的增加，技术指标会不断变差，只有通过维护保养，才能使其恢复完好状态。汽车维护保养的指导原则是“预防为主，定期检测，强制维护”。随着车辆技术和质量水平的提高，车辆维护保养的重要性愈显突出。车辆通过有效维护保养，可使车辆维修工作量逐渐减少，维护保养的日常工作量已远远大于修理量，即车辆维修的重点已转移到维护保养工作上。

任务目标

① 掌握汽车维护的种类和分级。
② 熟悉汽车维护的周期。
③ 掌握各类汽车维护的操作过程和工艺。

知识准备

1 汽车维护的种类和分级

（1）日常维护

日常维护以清洁、补给和安全检视为作业中心内容，由驾驶人负责执行车辆维护作业。

（2）一级维护

一级维护除日常维护作业外，以清洁、润滑、紧固为作业中心内容，并检查有关制动、操纵等安全部件。由维修企业负责执行的车辆维护作业如图 3-3-1 所示。

（3）二级维护

二级维护指除一级维护作业外，以检查、调整转向节、转向摇臂、制动蹄片、悬架等经过一定时间的使用容易磨损或变形的安全部件为主，并拆检轮胎，进行轮胎换位，检查调整发动机工作状况和排气污染控制装置等。由维修企业负责执行的车辆维护作业如图 3-3-2 所示。

图 3-3-1　一级维护

图 3-3-2　汽车二级维护

❷ 汽车维护的周期

日常维护的周期包括出车前、行车中、收车后。

一级维护、二级维护的周期：

① 一、二级维护周期的确定。以汽车行驶里程为基本依据。汽车一、二级维护行驶里程依据车辆使用说明书的有关规定，同时依据汽车使用条件的不同，由省级交通行政主管部门决定。

② 一、二级维护时间间隔。对于不使用行程里程统计、考核的汽车，可用行驶时间间隔确定一、二级维护周期。其时间（天）间隔可依据汽车使用强度和条件的不同参照汽车一、二级维护里程周期确定。

❸ 汽车维护的操作步骤

（1）日常维护作业

对汽车外观、发动机外表进行清洁，保持车容整洁。对汽车各部润滑油（脂）、燃油、冷却液、制动液、各种工作介质、轮胎气压进行检视补给。

对汽车制动、转向、传动、悬架、灯光、信号等安全部位和位置以及发动机运转状态进行检视、校紧，确保行车安全，如图 3-3-3 所示。

（2）一级维护作业

① 点火系统：

- 作业内容：检查、调整。例如，火花塞间隙大小检查；导线连接可靠性检查，如图 3-3-4 所示。
- 技术要求：能正常工作。

图 3-3-3　日常检查

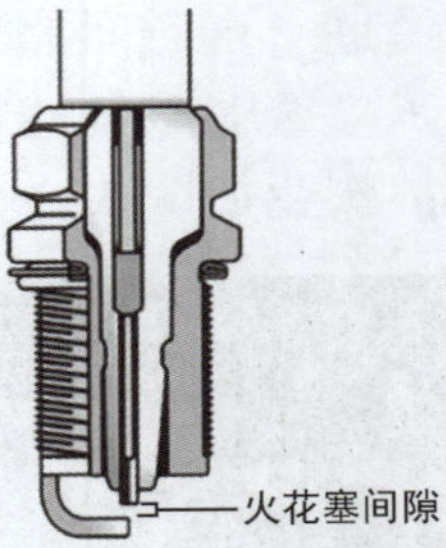

图 3-3-4　检查火花塞间隙

② 各种滤清器：

- 作业内容：发动机空气滤清器、空调空气滤清器、曲轴箱通风系空气滤清器、机油滤清器和燃油滤清器等清洁或更换，如图 3-3-5 所示。

(a) 发动机空气滤清器　(b) 机油滤清器　(c) 燃油滤清器

图 3-3-5　滤清器

- 技术要求：各滤芯应清洁无破损，上下衬垫无残缺，密封良好，安装牢固。

③ 液面：

- 作业内容：曲轴箱油面、机油液面、冷却液液面、制动液液面高度、转向器液面、变速器液面、差速器液面、蓄电池电解液液面高度等检查，如图 3-3-6 所示。

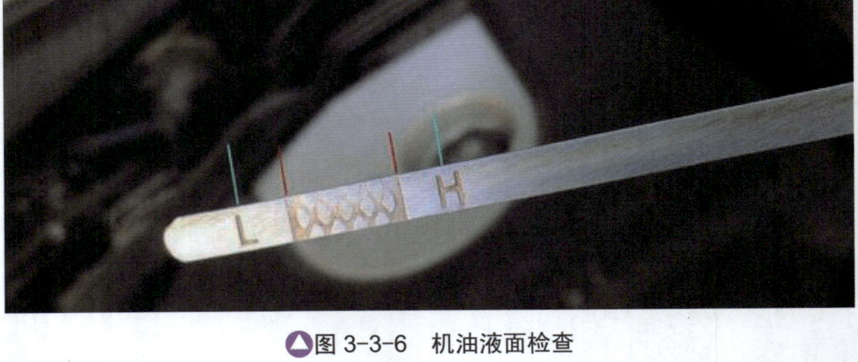

图 3-3-6　机油液面检查

- 技术要求：符合使用规定。

（3）二级维护作业

① 二级维护作业过程。汽车二级维护首先要进行检测，二级维护过程中要进行过程检验，过程检验项目的技术要求应满足有关的技术标准或规范；二级维护作业完成后，应经维护企业进行竣工检验，竣工检验合格的车辆，由维护企业填写“汽车维护竣工出厂合格证”后方可出厂。

② 二级维护工艺过程图，如图 3-3-7 所示。

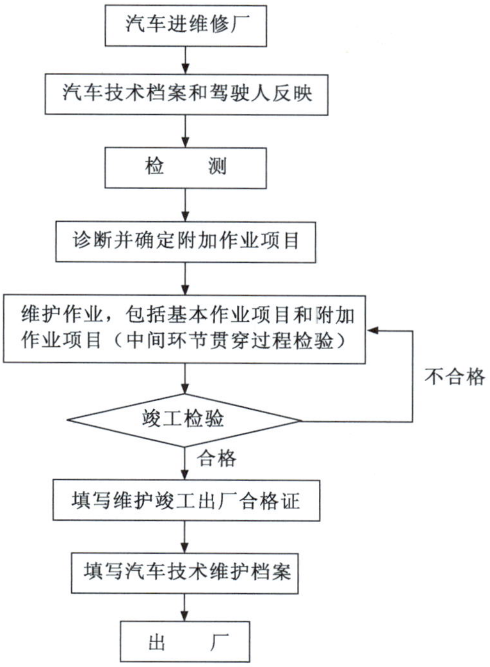

图 3-3-7　二级维护工艺过程图

③ 汽车二级维护检测、诊断。

- 对汽车二级维护检测项目进行检测时，应随用该检测项目的专用检测仪器，仪器精度须满足有关规定。
- 汽车二级维护检测项目的技术要求应参照国家有关的技术标准，或参照原厂要求。
- 汽车二级维护检测项目如表 3-3-1 所示。
- 汽车二级维护附加作业项目的确定，根据检测结果进行汽车故障诊断，确定以消除汽车故障为目的的二级维护附加作业项目和作业内容，恢复汽车的正常技术状况。附加作业项目确定后与基本作业项目一并进行二级维护作业。
- 二级维护过程检验。二级维护过程中，要始终贯穿过程检验，并做检验记录。过程检验中各维护项目的技术要求，需满足相应的有关技术标准或出厂说明书的有关规定。
- 二级维护基本作业项目。二级维护作业内容包含一级维护作业内容，二级维护基本作业项目如表 3-3-2 所示。

表 3-3-1　汽车二级维护检测项目

序　号	检　测　项　目
1	发动机功率，三气缸压力
2	汽车排气污染物，三效催化转化装置的作用
3	电子控制燃油喷射系统
4	柴油车检查供油提前角、供油间隔角和喷油泵供油压力
5	制动性能、制动力
6	转向轮定位，主要检查前轮定位角和转向盘自由转动量
7	车轮动平衡
8	前照灯
9	操纵稳定性，有无跑偏、发抖、摆头
10	变速器，有无泄漏、异响、松脱、裂纹等现象，换挡是否轻便灵活
11	离合器，有无打滑、发抖现象，分离是否彻底，接合是否平稳
12	传动轴，有无泄漏、异响、松脱、裂纹等现象
13	后桥，主减速器有无泄漏、异响、松动、过热等现象

表 3-3-2　二级维护基本作业项目

序号	维 护 项 目	作 业 内 容	技 术 要 求
1	发动机润滑油、机油滤清器	① 更换润滑油 ② 视情况更换机油滤清器	① 润滑油规格性能指标符合规定 ② 液面高度符合规定 ③ 机油滤清器密封良好，无堵塞，完好有效
2	检查润滑油油面高度	检查转向器、变速器、主减速器等润滑油规格和液面高度，不足时按要求补给	符合出厂规定
3	空气滤清器	清洁空气滤清器	空气滤清器清洁有效，安装可靠；恒温进气装置真空软管安装可靠；进气转换阀工作灵敏、准确
4	① 油箱及油管 ② 燃油滤清器 ③ 燃油泵	① 检查接头及密封情况 ② 清洁燃油滤器，并视情况更换 ③ 检查燃油泵，必要时更换	① 接头无破损、渗漏，紧固可靠 ② 燃油滤清器工作正常 ③ 燃油泵工作正常、油压符合规定

续表

序号	维 护 项 目	作 业 内 容	技 术 要 求
5	燃油蒸发控制装置	检查清洁，必要时更换	工作正常
6	曲轴箱通风装置	检查、清洁	清洁畅通。连接可靠，不漏气，各阀门无堵塞、卡滞现象，灵敏有效，符合规定
7	散热器、膨胀箱、百叶窗、水泵、节温器、传动带	① 检查密封情况、箱盖压力阀、液面高度、水泵 ② 检视传动带外观，调整传动带松紧度	① 散热器及软管无变形、破损及渗漏；箱盖接合表面良好。胶垫不老化、箱盖压力阀开启压力符合要求；水泵不漏水。无异响；节温器工作性能符合规定 ② 传动带应无裂痕和过量磨损，表面无油污、传动带松紧度符合规定
8	① 进、排气歧管、消声器、排气管 ② 气缸盖	① 检查、紧固，视情况补焊或更换 ② 按规定次序和扭紧力矩校紧气缸盖	① 无裂痕、漏气、消声器性能良好 ② 扭紧力矩符合规定
9	增压器、中冷器	检查、清洁	符合规定
10	发动机支架	检查、紧固	连接牢固、无变形和裂缝
11	化油器及联动机构	清洁、检查、紧固	清洁，联动机构运动灵活，连接牢固。无漏油、漏气现象，工作系统和附加装置工作正常
12	TX 油器、喷油器	检查喷油器和喷油泵的作用，必要时检测喷油压力和喷油状况，视情况调整供油提前角	① 喷油器雾化良好、无滴油、漏油现象，喷油压力符合规定 ② 供油提前角符合规定
13	分电器、高压线	清洁、检查	分电器无油污，调整触点间隙在规定范围内，无松旷、漏电现象，高压线性能符合规定
14	火花塞	清洁、检查或更换火花塞，调整电极间隙	电极表面清洁，间隙符合规定
15	气门间隙	检查调查	符合规定
16	电控燃油喷射系统供油管路	检查密封状况	密封良好，作用正常
17	三效催化装置	检查三效催化装置的作用，必要时更换	作用正常

续表

序号	维护项目	作业内容	技术要求
18	离合器	检查调整离合器踏板自由行程	离合器踏板自由行程符合规定
19	前轮制动	① 检查前轮制动器调整臂的作用	作用正常
		② 拆卸前轮毂总成、制动蹄、支承销；清洗转向节、轴承、支承销、清洁制动底板等零件	清洁、无油污
		③ 检查制动盘、制动凸轮轴，校紧装置螺栓	① 制动底板不变形，按规定力矩扭紧装置螺栓 ② 凸轮轴转动灵活、无卡滞，转向间隙符合规定
		④ 检查转向节及螺母、保险片及油封、转向节臂，校紧装置螺栓	① 转向节无裂纹，螺纹完好，与螺母配合应无径向松旷，保险片作用良好，油封完好不漏油 ② 转向节轴径与轴承的配合间隙符合要求，转向节臂装置螺栓扭紧力矩符合规定
		⑤ 检查制动蹄及支承销	① 制动蹄无裂损及明显变形，摩擦片不破裂，铆接可靠，摩擦片厚度符合规定 ② 支承销无过量磨损，支承销与制动蹄承孔衬套配合间隙符合规定
		⑥ 检查制动蹄复位弹簧	复位弹簧应无明显变形，自由长度、拉力符合规定
		⑦ 检查前轮毂、制动鼓及轴承外座圈，校紧轮胎螺栓内螺母	① 轮毂无裂损 ② 轴承外座圈无裂纹，无麻点，无烧蚀 ③ 制动鼓无裂纹，外边缘不得高出工作表面，检视孔完整，内径尺寸、圆度误差、左右内径差符合规定 ④ 轮胎螺栓齐全完好，规格一致、按规定力矩扭紧
20	后轮制动	① 拆半轴、轮毂总成、制动蹄、支承销，清洗各零件及制动底板、半轴套管	① 轮毂通气孔畅通 ② 各零件及制动盘、后桥套管清洁无油污

续表

序号	维护项目	作业内容	技术要求
20	后轮制动	② 检查制动底板、制动凸轮轴，校紧连接螺栓	① 制动底板不变形，连接螺栓按规定力矩紧固 ② 凸轮轴转动灵活，无卡滞，轴向间隙和径向间隙符合规定
		③ 检查后桥半轴套管、螺母及油封	① 套管无裂纹及明显松动，与螺母配合无径向松旷 ② 油封完好，无损坏，无漏油 ③ 套管颈与轴承配合间隙符合规定
		④ 检查内外轴承	① 轴承保持架无断裂，滚柱不脱落，无裂损和烧蚀 ② 轴承内座圈无裂纹、烧蚀
		⑤ 检查制动蹄及支承销	① 制动蹄无裂纹及变形，摩擦片不破损，铆接可靠，摩擦片厚度符合规定 ② 支承销与制动蹄承孔衬套配合间隙符合规定 ③ 支承销无过量磨损
		⑥ 检查制动蹄复位弹簧	复位弹簧无变形，自由长度符合规定，拉力良好
		⑦ 检查半轴	半轴无明显变曲，不磨套管，无裂纹，花键无过量磨损或扭曲变形
		⑧ 装复后轮毂，调整制动间隙	① 装复支承销、制动蹄片时，承孔均应涂润滑脂，开口销或卡簧齐全可靠 ② 润滑轴承 ③ 套管轴颈表面应涂机油后再装上轴承 ④ 制动蹄片、制动鼓面应清洁，无油污 ⑤ 制动蹄片与制动鼓的间隙应符合规定，转动无碰擦现象和声响，检视孔挡板齐全紧固 ⑥ 轮毂转动灵活，拉力符合规定 ⑦ 锁紧螺母按规定力矩扭紧

续表

序号	维护项目	作业内容	技术要求
21	转向器、转向传动机构	①检查转向器传动机构的工作状况和密封性，校紧各部螺栓 ②检查调整转向盘自由转动量	转向盘自由转动量符合规定，转向轻便、灵活，无卡滞和漏油现象。垂臂及转向节臂无弯曲及裂损，各部螺栓连接可靠
22	前束	调整	符合规定
23	变速器、差速器	检查密封状况和操纵机构，清洁通气孔	密封良好、通气孔畅通，操纵机构作用正常，无异响、跳动、乱挡现象
24	传动轴、传动轴承支架、中间轴承	①检查防尘罩 ②检查传动轴万向节工作状况 ③检查传动轴承支架 ④检查中间轴承间隙	①防尘罩不得有裂纹、损坏，卡箍可靠，支架无松动 ②万向节不松旷，无卡滞，无异响 ③传动轴承支架无松动 ④中间轴承间隙符合规定
25	空气压缩机、储气筒	清洁，校紧	清洁、连接可靠，无漏气，安全阀工作正常
26	制动阀、制动管路、制动踏板	①检查制动踏板自由行程 ②检查紧固制动阀和管路接头 ③检查液压制动管路内是否有气	①制动踏板自由行程符合规定 ②制动阀和管路接头连接可靠，无漏气 ③液压制动管路内无气
27	驻车制动	检查驻车制动性能，检查驻车制动器自由行程	符合规定，作用正常
28	悬架	检查、紧固，视情补焊、校正	不松动，无裂纹，无断片，按规定扭紧力矩紧固螺栓
29	轮胎（包括备胎）	检查、紧固、补气，进行轮胎换位、磨损严重时更换轮胎	气压符合规定，清洁，无裂损、老化、变形，气门嘴完好，轮胎螺栓紧固，轮胎的装用符合规定
30	发电机、发电机调节器、起动机	清洁、润滑	符合规定
	蓄电池	检查、清洁、补给	清洁、安装牢固，电解液液面符合规定

续表

序号	维 护 项 目	作 业 内 容	技 术 要 求
31	前照灯、仪表、喇叭、刮水器、全车电器线路	检查、调整，必要时修理或更换	① 前照灯、喇叭、各仪表及信号装置功能齐全、有效，符合规定 ② 刮水器电动机运转无异常，连动杆连接可靠 ③ 全车线路整齐，连接可靠，绝缘良好
32	车身、车架、安全带	检查、紧固	性能可靠，工作良好无变形、断裂、脱焊、连续螺栓、铆钉紧固
33	内装饰	检查、紧固	设备完好，无松动
34	空调装置	检查空调系统工作状况、密封状态	① 制冷系统密封，制冷效果良好 ② 暖气装置工作正常
35	润滑	全车加注润滑脂的部位全部润滑	润滑脂嘴齐全有效，润滑良好
注：技术要求栏中的“符合规定”指符合实际应用中在有关技术规定或技术要求			

- 二级维护竣工检验。汽车在维修企业进行二级维护后，必须进行竣工检验，各项目参数符合国家或行业及地方标准，竣工检验合格的车辆填写“维护竣工出厂合格证”后方可出厂。检验不合格的车辆应进一步进行检验、诊断和维护，直到达到维护竣工技术要求为止。

二级维护竣工技术要求如表 3-3-3 所示。

表 3-3-3　二级维护竣工技术要求

序号	检测部位	检 测 项 目	技 术 要 求	备 注
1	整车	清洁	汽车外部、各总成外部、三滤应清洁	检视
		面漆	车身面漆、腻子无脱落现象，补漆颜色应与原色基本一致	检视
		对称	车体应周正，左右对称	汽车平置检查
		紧固	各总成外部螺栓、螺母按规定力矩扭紧，锁销齐全有效	检查

续表

序号	检测部位	检 测 项 目	技 术 要 求	备 注
1	整车	润滑	发动机、变速器、转向器、减速器润滑符合规定，各通气孔畅通。各部润滑点润滑脂加注符合要求。润滑脂嘴齐全有效，安装位置正确	检视
		密封及电器	全车无油、水、气泄漏，密封良好，电器装置工作可靠，绝缘良好	检视
		前照灯、信号、仪表、刮水器、后视镜等装置	稳固、齐全有效，符合有关规定	检视
2	发动机	发动机工作状况	发动机能正常起动，低、中、高速运转均匀及稳定、水温正常，加速性能良好，无断裂、回火、放炮等现象，发动机运转稳定后应无异响	路试
		发动机功率	无负荷功率不小于额定值的80%	检测
		发动机装置	齐全有效	检视
3	离合器	踏板自由行程	符合原厂规定	检测
		离合情况	接合平稳，分离彻底，无打滑、抖动及异响	路试
4	转向系统	转向盘最大转动量	符合规定	检查
		横直拉杆装置	球头销不松旷，各部螺栓螺母紧固，锁止可靠	检查
		转向机构	操作轻便、转动灵活，无摆振、跑偏等现象。车轮转到极限位置时，不得与其他部件有碰擦现象	检测
		前束及最大转向角	符合规定	检测
		侧滑	符合 GB 7258—2012 中的有关规定	检测

续表

序号	检测部位	检 测 项 目	技 术 要 求	备 注
5	传动系统	变速器、传动轴、主减速器	变速器操纵灵活、不跳挡，不乱挡。变速器传动轴、主减速器各部无异响，传动轴装配正确	路试
6	行驶系统	轮胎	轮胎磨损应在规定范围内、同轴轮胎应为相同的规格和花纹，转向轮不得使用翻新轮胎，轮胎气压符合规定，后轮辋孔与制动鼓观察孔对齐	检查
		钢板弹簧	钢板弹簧无断裂、位移、缺片、U形螺栓紧固，前后钢板支架无裂纹及变形	检查
		减振器	稳固有效	路试
		车架	车架无变形，纵横梁武裂纹，铆钉无松动，拖车钩、备胎架齐全，无裂损变形，连接牢固	检查
		前后轴	无变形及裂纹	检查
7	制动系统	制动性能	应符合GB 7258—2012中的有关规定	路试或检测
		制动踏板自由行程	符合GB 7258—2012规定	
		驻车制动性能	应符合GB 7258—2012中的有关规定	路试和检测
8	滑行	滑行性能	符合GB 7258—2012规定	路试或检测
9	车身、车厢	车身	驾驶室装置紧固，门锁链灵活无松旷，限动装置齐全有效，驾驶室门关闭牢靠，无松动，风窗玻璃完好，窗框严密，门把、门锁、玻璃升降器齐全有效，发动机罩锁扣有效，暖风装置工作正常	检查
10	排放	尾气排放测量	符合有关标准的规定	检测

任务训练

1. 写出下列汽车维护项目及功用。

维护项目________________

功用____________________

维护项目________________

功用____________________

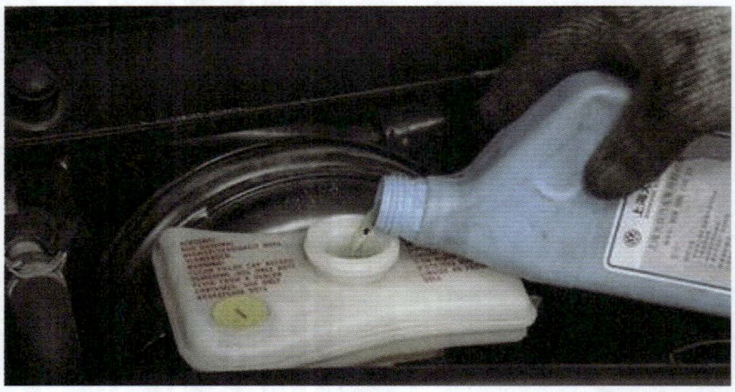

维护项目________________

功用____________________

维护项目________________

功用____________________

维护项目________________

功用____________________

维护项目________________

功用____________________

维护项目________________

功用____________________

2. 写出汽车维护的种类和分级，并写出各类保养的周期。

笔记及心得：

参考文献

[1] 黄安，王文涛．汽车底盘机械系统构造与维修 [M]．镇江：江苏大学出版社，2014.

[2] 麻友良．汽车电器与电子控制系统 [M]．北京：机械工业出版社，2006.

[3] 王望予．汽车设计 [M]．4 版．北京：机械工业出版社，2011.

[4] 王宝玺，贾庆祥．汽车制造工艺学 [M]．北京：机械工业出版社，2013.

[5] 付百学．汽车发动机电子控制技术 [M]．北京：北京理工大学出版社，2015.

[6] 王毅，于波．汽车发动机电控系统检修 [M]．北京：北京理工大学出版社，2014.

[7] 陈家瑞．汽车构造 [M]．北京：人民交通出版社，2003.